新しい指針・要領からみる

0歳児から主体性を育む保育のQ&A

西川正晃・大橋美智子　編著

みらい

はじめに
―子どもの主体性を育む保育をめざして―

編著者　西川正晃

　今からもう10年以上前のことです。保育現場で〝学び〟にこだわる保育者と巡り会いました。

「子どもたちが自分の生活を創り出していく力を育てたい、そのために、遊びの中の学びを大切にする保育をしたい」

　そう熱く語る保育者の表情は、真剣そのものであったことを今でもはっきりと覚えています。

　その人こそ本書をともに綴ることになった大橋美智子先生です。他方、私も小学校教員から保育実践者、研究者とたどりながら、遊びの中の学びについて、実践研究を深めている途中でもありました。たどってきた道は違いますが、同じところに行き着いた二人でありました。

　遊びの中の学びを基盤に、子どもが主体的に生きる力を育む保育とは、どのようにすれば実現できるのでしょうか。私は、現場で葛藤し続ける実践者とともに学びあい、深めたいと願い、2011年4月から**保育実践を語る会「土曜の会」**を月一回のペースで開催することにしました(現在も継続中です)。

会の立ち上げの頃から参加されていた大橋先生ですが、その長年の経験と、子どもの主体性を育む営みに、おのずと注目が集まりました。多くの実践者が学びあおうと輪が生まれていきました。話しあいが深まるにつれて、大橋先生の実践はブラッシュアップされ、どんどん進化します。それに引っぱられていくように、多くの保育現場でも子どもの主体性の育成をめざして、質の高い実践への挑戦がみられるようになっていきました。

2018年度、「幼稚園教育要領」「保育所保育指針」「幼保連携型認定こども園教育・保育要領」の三法令が改訂(定)され、〝乳幼児教育の元年〟とも言える重要な年となりました。保育実践を語る会「土曜の会」でも新しい三法令について話し合いがもたれましたが、意外にも保育実践の方向性が大きく変わることはありませんでした。それは、子どもの主体性を常に意識し、育んでいくという目標が一致していたからだと思います。私は背中を押してもらっている気持ちになりました。

こうして、社会のめまぐるしい変化のなかで、小さな取り組みではありますが、保育の本質（不易）と現代の課題（流行）をつなぐ新たな試みや園内研修にチャレンジしてきました。その過程では、公益財団法人ソニー教育財団が主催する「ソニー幼児教育支援プログラム」において大橋先生の園が「優秀園」（２０１４年度、２０１５年度）や「奨励園」（２０１８年度）に選ばれるという喜ばしいこともありました。

本書の目的は、乳幼児をめぐる課題と向き合い、子どもの主体性を育む保育の本質を明らかにすることです。 そのために、大橋先生がどうしても伝えたい保育者の行動のあり方や環境構成の意味を厳選し、さらに、保育実践を語る会「土曜の会」で交わされた質疑応答などを加味しながらQ＆A式にまとめてあります。

しかし、「こうしたらいいのです」的なハウツー本ではありません。保育者の言動に込められた願いや行為の意味を明らかにしながら、あくまでも主体性を育む保育の本質をのぞくことがねらいです。さらに、本書には次のような特徴があります。

★保育者の環境構成や援助の意味をなるべく具体的に示せるように、**保育現場を愛するイラストレーター**が描いたイラストをたくさん掲載しています。

★実際の保育の様子がよくわかる**動画**も用意しました。ページに埋め込まれた**QRコード**をスマホなどで読み込むと、その内容に関わる保育実践の動画がご覧いただけます。

★各章の最後には、**各分野での造詣が深い実践者や研究者によるコラム**があり、Q&Aに込められた意味をさらに深めることができます。

保育実践者だけでなく、これから保育の道をめざす学生の方や、保護者、保育に関心のある方すべての方の一助になれば幸いです。

もくじ

第1章　3歳未満児の保育で大切なこと

第2章 食事のときに大切なこと

第3章 全年齢の保育で大切なこと

第4章 保育環境で大切なこと

第5章　保育者のあり方で大切なこと

第6章　行事で大切なこと

第8章 園内研修で大切なこと

第9章 保護者支援で大切なこと

執筆者紹介

編著

西川 正晃…はじめに、第１章から第９章までのＱ＆Ａ、第６章のコラム⑥

公立小学校教員から滋賀大学教育学部附属幼稚園教員へ。同園副園長、関西国際大学教育学部、大垣女子短期大学を経て、2017 年４月より岐阜聖徳学園大学教育学部教授
保育実践を語る会「土曜の会」主宰
おてて絵本普及協会の岐阜県事務局

大橋 美智子…第１章から第９章までのＱ＆Ａ、おわりに

元滋賀県甲良町立甲良東保育センターあおぞら園園長。定年退職後は私立ひこねさくら保育園園長を経て、2019 年４月から保育園“ にじのおうち ”顧問

コラム執筆（五十音順）

青木 一永…第４章のコラム④

社会福祉法人檸檬会（レイモンド保育園）副理事長／統轄園長

網野 武博…第２章のコラム②

元東京家政大学教授

井上 孝之…第３章のコラム③

岩手県立大学准教授

大滝 世津子…第９章のコラム⑨

鎌倉教育総合研究所所長

久保山 茂樹…第７章のコラム⑦

独立行政法人国立特別支援教育総合研究所　インクルーシブ教育システム推進センター上席総括研究員

瀧川 光治…第８章のコラム⑧

大阪総合保育大学教授

永井 久美子…第１章のコラム①

帝塚山大学准教授

矢藤 誠慈郎…第５章のコラム⑤

和洋女子大学教授

協力

保育実践を語る会「土曜の会」

連絡先：058-279-6576（西川研究室）
masaaki@gifu.shotoku.ac.jp

イラスト

照喜名隆充

第1章

3歳未満児の保育で大切なこと

なぜひとさし指で手をつなぐの？

子ども自身が「自分は先生（保育者）と一緒に〇〇へ行くよ」というように、自分の意志で（自分でわかって）自ら行動ができることを大切にしたいからです。

もし保育者が手や腕をもって引っ張ってしまうと、子どもは有無を言えずにしたがうことになってしまいます。

ひとさし指を出して子どもの反応を待つということは、子どもの言いなりになるということではありません。子どもの「こうしたいんだ」という思いを尊重しながらも、「今、どうしてほしいのか」「今、何をしないと困るのか」という保育者のメッセージや願いをきちんと伝え、対話を通して互いの折り合い点を見つけていくということです。たとえ0歳児の子どもでも、「自分はこれをしたら行くよ」「大好きな先生が言うならしようかな」というように、自分でより良い方法（答え）を選んだり見つけたりすること、相手とやりとりしながら納得する方法を見つけることを学んでほしいからなのです。それが主体性の芽を育てることになります。

動画スタート

なぜ生活の中で対話（声かけ）を大事にするの？

おむつを交換するときも、抱っこするときも、着脱の介助をするときも保育者は必ず「〇〇しようね」「〇〇するね」というように声をかけます。たとえ子ども一人ではできないことであっても、一方的に介助するのではなく声をかけてから行うことが大切です。

例えば、「これからおむつ交換するからごろんって寝ようね」や、「汗をかいたから洋服を脱ぐね」と子どもとのやりとり（応答）をしてから行います。また、遊びから保育室に戻るときも一方的に抱きかかえるのではなく、「もうそろそろお部屋に帰ろうね」と言葉を添えることで、今、自分は何のために抱っこされるのかなど、子ども自身もわかって行うことが大事です。

わからないから、できないから大人が一方的にするのではなく、生活の主体は子ども自身であることを尊重し、顔を見て丁寧に一つ一つ言葉を添えて生活することが大事だからです。

私たち大人も、たとえそれが必要なことであっても、一方的に他人から何かをされたら怖く嫌な気持ちになりませんか。

なぜ3歳未満児は育児担当制なの？

毎日、同じ保育者（担当）のもとで食事をしたり、排泄の援助を受けたりすることで、家庭により近い安定した生活を過ごすことができます。一斉ではなく、一人一人の生活のペースに合わせて過ごすことは、子どもにとってより家庭的で安心の場となります。担当保育者との安心・愛着の関係ができ、その関係が軸になって子どもは周りの人や環境とかかわる力をひろげていくことができます。

ただし…

育児担当制は何もかも一人の保育者と数人の子どもで生活をすることではありません。食事や排泄などは担当保育者が一人一人の生活の状況を把握し、それぞれの子どもに応じて援助することで安心して生活できる（愛着関係）ように心がけます。あそびの場面では同じクラスやグループ（たとえば1歳児ならば低月齢児グループ、高月齢児グループ）で一緒に過ごし、安心できる担当保育者を軸に同じクラス・グループの保育者ともかかわりをもって過ごすことも大切です。担当保育者を中心に同じクラス・グループの保育者とも安心して過ごせることで、たとえ担当保育者でなかったとしても、不安なく過ごせるのです。

特に水遊びや泥んこになったときなどは、遊びが終わった子どもの着替えなど、担当保育者一人では対応できません。「もっと遊びたい」「もう、おしまいにする」など、一人一人の遊び始めた時間も内容も違いがあって、遊びの終わりも子どもにとって違うものです。

一人一人の遊びのペースに合わせて着替えたり、体をきれいに洗ったりできるように、あらかじめそれぞれの動きや立ち位置などについて保育者間で話し合うなど確認しておくことが必要です。

それは、単に役割を分担するのではなく、子どもが心動いたことに主体となって活動できるように（いつ遊び始めて、いつ終わるかも含め）、そのときどきに保育者同士の声の掛け合いや助け合いが重要になってくると考えます。ときには臨機応変に動くことも求められます。いずれにせよ、保育者が子どもの遊びや生活に浸ることが大切なのです。

生活と遊び、さまざまな場面に応じて安心して一人一人の子どもが主体となって過ごせるように、育児担当制とともに保育者間の〝阿吽（あうん）の呼吸〟が重要です。

育児担当制

たとえばホワイトボードを使ってみるのはどうでしょう？

わたし
→
今日はＡ先生がプールの主担当だから、
わたしが着替えのフォローに回ればいいのね。

どの先生がどの子の担当で、どのように今日の生活を過ごしていくかが一目でわかるホワイトボード

職員も子どもも、今日は誰がお休みか、また、どのように担当を代わるかという「生活の補助」の共有ができます。さらに、その日の保育の役割（①全体を見る役、②全体を見る人の補助役、③生活・活動の段取りをする役）を誰がするかなど、動き方も全職員で共有できます。

阿吽の呼吸は保育者同士の“見通し”が立ってこそ働くものです。

なぜ食事をする順番が決まっているの？

1歳児の給食の様子。奥では遊んでいる子どもや午睡に入る子どもの姿が見えます。

登園ぎりぎりに朝食をとっている子どももいれば2時間以上も前に起きて食べている子ども、午前睡をする子どもなど、子どもの生活の状況は個々に違います。また、その生活のサイクルはどの家庭でも日々変化するものではなく、ほぼ毎日繰り返されているものでもあります。そこで、一人一人違う子どもの生活状況に応じて食事ができるようにすることが求められます。

順番が決まっていることで、子どもは自分がいつ食事をするのか、誰が終わったら自分なのかがわかります。わかるからこそ「まだ自分の番じゃないから遊んでいよう」とか、「もうそろそろ自分の番だ」と、食事や午前の遊びの見通しが0歳児なりにもてるようになり、安心して自分の番を待つことができるのです。

もちろん、その日の状況（朝早く起きてしまって眠くなりそうなど）に応じて変えることも必要ですが、基本の流れを変えないということが大事なのです。

子どもにとって
とても大切な食事。
第２章で詳しく
解説します。

動画スタート

なぜ給食を食べたらすぐに布団に入るの？

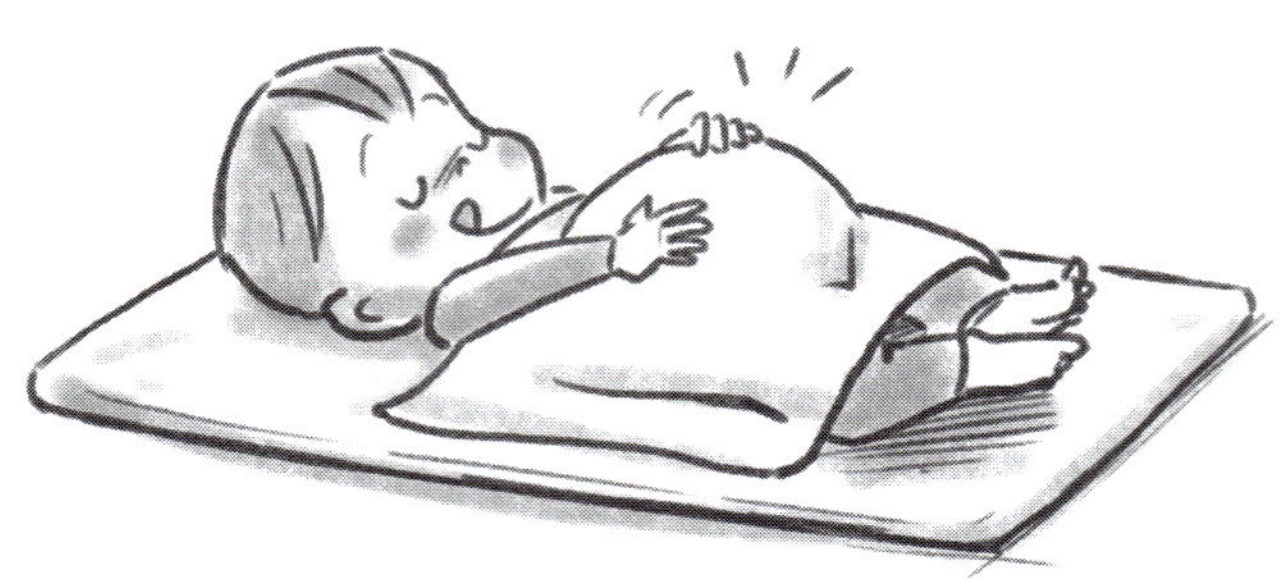

食事にかかる時間は子どもによってまちまちであり、一斉に午睡をしようとしたら、早く食べ終わった子どもを長い時間待たせてしまうことになってしまいます。
もし、全員が食べ終わるまで待つとすれば、待ちきれずに走り回ったり暴れてしまったりして、せっかく「お腹がふくれて、体を横にして休み、午前中の疲れを癒す」という眠りモードへの自然な流れがリセットされてしまうことにもなりかねません。

食後、そのまま布団に入り、眠りモードに入るためには、午睡スペースの灯りを落とし、おもちゃなどが目に入らないよう布を被せるなど、眠りの環境を整えておくなど配慮も必要です。

なぜ布団は決まった場所に敷くの？

家庭でも寝室が決まっていることで安心して眠れるように、保育室でも同じことをしています。自分の布団がいつも同じ場所に敷いてあることで、毎日、室内をあちこち探さなくてもよく、迷わずに安心して自分の場所に眠りに行くことができます。

また、布団は早く食べ終わった子どもから、奥から順番に敷いていくことで、先に寝ている友達をまたいだり、踏んだりしてしまうことなく眠ることができます。

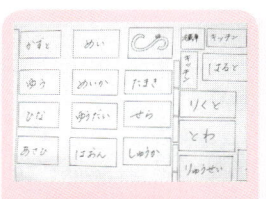

グループを２つに分けて、１グループ目の園児の布団から敷きます。２グループの布団は、給食を食べに移動したらおもちゃを片付けて敷きます。

布団の位置の表を貼っておくことで、担任以外の保育者でも間違うことなく布団を敷くことができます。

動画スタート

２歳児の給食の様子。早く食べ終わった子どもから自分の布団へ寝に行きます。

なぜ一斉にトイレに行かないの？

　尿意は年齢（月齢）や膀胱の発達状況によって個人差があるものです。まだまだ膀胱に尿がいっぱい溜められない子どももいれば、ある程度溜められる子どももいる中で、一斉にトイレに行かせても排泄の自立にはつながりません。

　排泄の自立とは、膀胱いっぱいに尿が溜まり、もうがまんできない（排尿したい）という感覚がわかり、それをトイレまでがまんできることです。つまり、排泄の自立には、尿が溜まった感覚やそれを排出する感覚、また、便器まで出ないように抑えられることなのです。

　一人一人の尿感覚を知り、それに応じて、ときにはこれから先、いつまでトイレに行けないという状況と照らし合わせて排泄できるように働きかけることが排泄の自立につながると考えます。

なぜ着替えやお尻マットなどが低いところにあるの？

子どもの手の届く場所に着替えを入れるかごや、オムツを替えるときに敷くお尻タオル入れ、オムツバケツなど、収納かごを設置することで、「今から着替える」「オムツを交換してもらう」「オムツをバケツに入れる」など、生活のことを自分でできる環境を整えているのです。

子どもが自分でできることは当たり前のこととしてできるように環境を整えることが大事です。保育者は子どもが自分でやりたいと思えるような、また自分でできることが自分でできる環境や保育の仕組みを考えます。すなわち、子どもが取り組んでいる姿を環境から支えることも、〝生活の主体は自分〟という子どもが育っていくことにつながるのです。

①１歳児のトイレ。使用済みオムツを入れるバケツやお尻に敷くタオルが取りやすい場所にあります。
②１歳児の着替えコーナー。
③２歳児の給食後の後片づけ。コップ、おしぼりタオル、食器を自分で片づけられるよう、低い位置に順番に配置。

動画スタート

なぜ着替えやオムツ交換のとき、「右足」…と声をかけるの？

着替えや排泄など、オムツ・パンツ・ズボンをはくときの介助で「右足」「左足」と声をかけます。いつも〝右足〟からという順番を変えないことには意味があります。毎回、繰り返し右側から声をかけ、右側から着脱したり、食事前の手拭きをしてもらったりすることで、子どもに〝右〟という認識が自然に育つからです。同時に空間認識を育てることにもつながります。（19ページの動画もご覧ください）。

なぜ天蓋をするの？

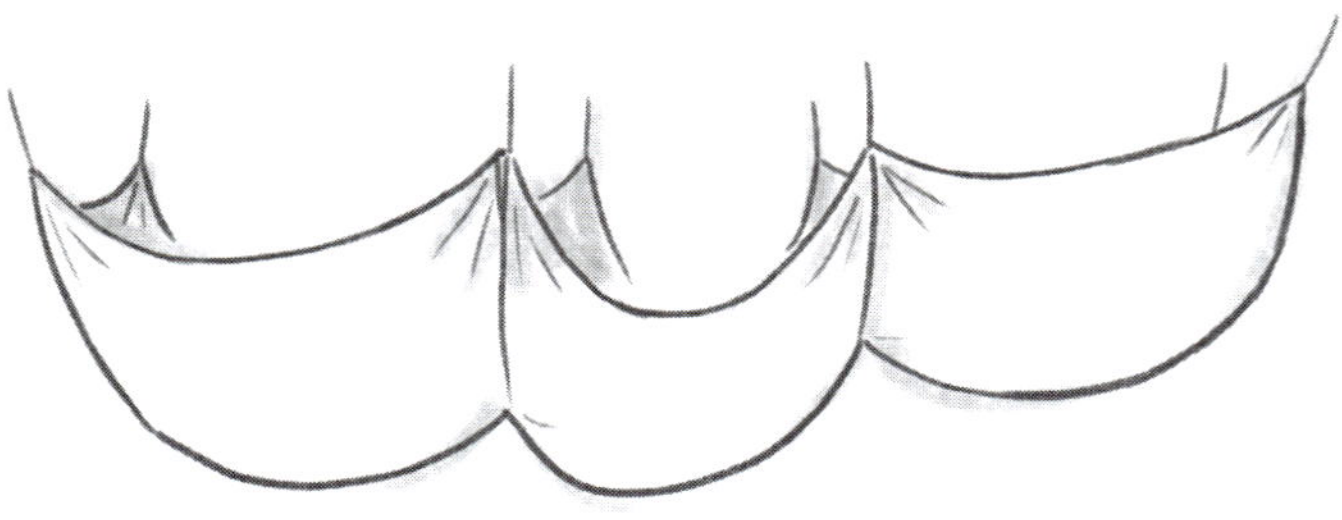

天井の高さは３歳未満児にとって大人が感じるよりはるかに高く感じ、落ち着かないものです。特に、ままごとや座り込んでじっくり遊ぶコーナーでは天井が高いままだとなんとなく落ち着かず、じっくり遊び込むことができません。

また、蛍光灯の光を直接受けると刺激が強すぎてテンションがあがってしまい、興奮して走り回ったり暴れてしまったりすることもあります。布で覆って（天蓋）光をやわらげるなど間接照明にして落ち着いて過ごせるように工夫することが大切です。

特に小さな年齢の子どもにとって天蓋は落ち着ける生活空間にするための、有効な環境と言えます。

２歳児の保育室の天蓋。ふんわりと白い布が子どもを包みます。

子どもの「〜したい」が健やかな育ちの原動力です

神戸女子短期大学　永井(ながい)久美子(くみこ)

　この章からは、発達の主体は子どもであり、子ども自身が「〜したい」と願うことによってこそ、発達は現実のものになっている姿が見えてきます。この願いは、発達のさまざまな力のなかでも、その中心となる心の動きではないでしょうか。

　子ども自身の主体性をもった発達への願いを育むには、保育者は常に子どものニーズ、思い、意向等、声なき声も含めて傾聴し、理解し、受容し、信頼し見守る姿勢、子どもに寄り添う姿勢が欠かせないことがわかります。また、子どもが自らの願いによって生活を営むようになっていくことが大切です。

　この発達への願いが育まれる保育環境として、一人一人の発達に合わせ、また愛着関係の形成を重視しながら、子どもが心地良く、見通しのある生活や好きな遊びに浸れる、この人と一緒だからやってみたいと思えるような保育者との関係のなかで安心して過ごすことが必要になります。保育

column 1

者との情動的なやりとりから内面的な発達を経て、子どもは自ら人間関係や空間を広げ、自らの意図で生活する存在に発達していくことができるのです。

　保育所保育指針の「情緒の安定」のなかに示されているように、「安心」「安定」が乳児の保育にとってはとても重要です。また、1～3歳児の基本的事項には、「愛情豊かに、応答的に行われること」の重要性が指摘され、特に1歳児以降では、「自分でしようとする気持ちを大切に」と書かれています。さらに、第2章保育の内容のねらい②には「体の動きや表情、発声等により、保育士等と気持ちを通わせようとする」とあります。文末の語尾が「～しようとする」という表現になっており、すなわち保育者の応答性や子どもが率直に求めていることに思いを致すことの重要性を示唆しているのではないでしょうか。

第2章

食事のときに大切なこと

なぜ食事のときにサイドテーブルを置くの？

食事中に保育者がお茶をくんだり、おかわりを取ったりなど、立ったり動いたりするとバタバタして、子どもが落ち着いて食事をすることができないからです。

食事中は静かに落ち着いて食べられるよう、保育者はできる限り動き回らず、そばで介助することが必要となります。そのために、食事机ごとにお茶用の小さなやかんや食事介助に必要なものを置くサイドテーブルがあるととてもスムーズに食事ができるのです。

１歳児の給食時。サイドテーブルがあることで保育者は最後まで座ったまま介助できます。

１歳児のサイドテーブル。

２歳児のサイドテーブル。

なぜ汁物は保育室でよそうの？なぜご飯を保育室で炊くの？

家庭の食事がそうであるように、温かいものは温かいうちに食事を提供するためです。また、ごはんが炊けるにおいや湯気を感じることで、食事への期待も膨らみます。
また、一人一人、食べるときによそうことで、子どもが自分で「どれだけ食べられるか（食べたいか）」という意思を伝えることができます。「お腹が空いたからいっぱい食べたい」「これは苦手だから少しにする」など、「自分はこれだけ食べるんだ」と自己決定することを大事にしたいからです。苦手なものは食べなくてもいいではなく、苦手なものも自分で「これだけはがんばって食べる」と決めることができる意思を育てることにつなげたいものです。

なぜ〝抱っこ食べ〟をするの？

背筋や腹筋、体幹が育ち切らない乳児期の子どもは自分で食事が終わるまで自分の体を支えて座っていることができないからです。

椅子に座って食事をするうちに姿勢はくずれ、食事もちゃんと胃に入っていきません。それだけでなく、姿勢がくずれたまま座り続けるのは体幹を育てる上でもよくないからです。

しっかりお座りができるまでは、保育者が椅子に座って子どもの顔（表情や口の動き）が見えるように抱っこし、背筋がまっすぐになるように支えながら食事の介助をすることが大切です。

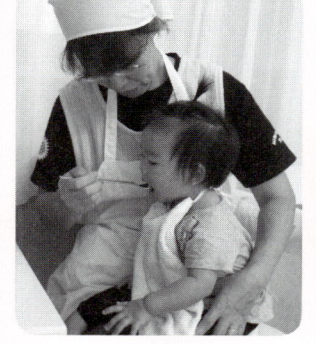

動画スタート

「おいしいね」。言葉も添えます。

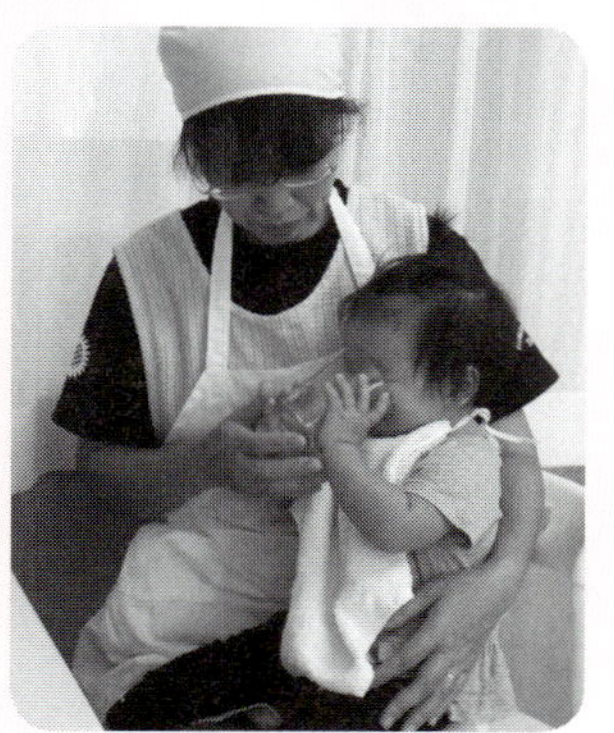

やさしくしっかり支えます。

なぜ口の中まで保育者が食材を運ばないの？

＼0歳児もしっかり意思をもって食事をします／

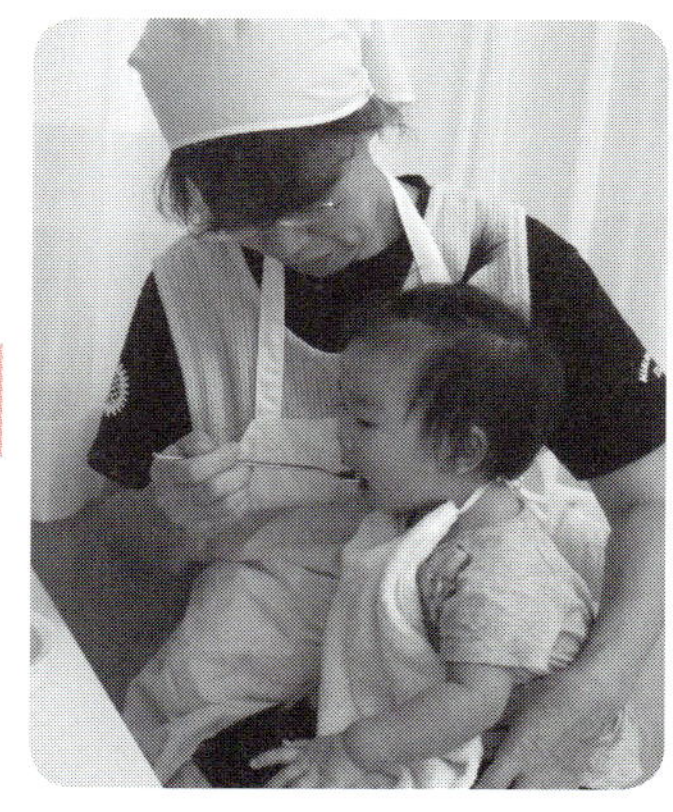

食材を載せた介助スプーンを口の前まで運び、子ども自身があんぐりと口を開けてほうばるのを待ちます。

保育者が介助スプーンで運んだ食材を、「あんぐっ」と口に入れ込むのをそっと介助します。

＼動画スタート／

0歳児の抱っこ食べのときから、食事をするのは自分という意思を育てることは、とても大切なことです。スプーンにのった食材を保育者が子どもの口に入れ込むのではなく、スプーンを口のすぐそばまで寄せ、子ども自身が大きく口を開けてスプーンごとあんぐりとかぶりつけるように介助することが必要です。

保育者のスプーンをもつ手を握るなど自分でという意思が出てきたら、一緒にスプーンを握って口に運ぶ動きを介助します。0歳児から、自分がするという主体性を食事でもしっかり支えていくことが大事だと考えます。

なぜ食事のとき、保育者は白いエプロンを着るの？

配膳の準備をするときや食事の介助をするときに、保育者がいつもと同じ白いエプロンを着たら「もうそろそろ給食なんだな」ということが子どもなりに判断できるようになります。

今、遊んでいても、そろそろ給食だとわかることで遊びに区切りをつけ、自分はこれから食事をするんだと、机に座りに来て食事の態勢になるなど、見通しをもって動くことにつながります。

また、白いエプロンは清潔感があるだけでなく、食事のメニューや食材の彩の美しさを邪魔しない色なのです。

１歳児の食事。食事が終わるまでは保育者は白エプロンと三角巾を身につけています。

なぜスタイや口ふきタオルは白なの？

白いことで、スタイや口ふきタオルの汚れが子どもにも一目でわかるからです。汚れを知る（わかる）ことは、自分の口まわりをきれいにするという行為を知ることになり、スタイの汚れを見て、こぼしたことに気づくことにつながります。

ひいては、自分のことに関心をもつきっかけになり、自分のことを気づくきっかけにもなります。0歳児から、自分を知るきっかけがあることは、その後の育ち（自分を大切にするということ）にとても重要なのです。

なぜスタイはタオルにゴムなの？

ハンドタオルにゴムを通したスタイだと、自分でスタイを着脱することができます。保育者が食事の準備を始めたのを見て、子どもは椅子に座り、自分からテーブルに置かれたスタイを着けて食事をする準備ができます。子どもは「これから自分は食事をするよ」という意志をもってスタイを着けるので、「ごちそうさま。食事は終わったよ」と自分からスタイを外すことにつながります。

食事をすることは受け身な行為ではありません。0歳児から「自分が食事をするんだ」という意思を発揮する主体的な行為です。

さらに、スタイの着脱をすることで、腕を頭上に上げたり、自分の頭が入るようにゴムを伸ばしたりなど、自分の目では確認できない体の部分（頭）に気づいたり、左右前後など空間感覚も知るきっかけになるのです。

２歳児。タオルにゴムのスタイだから、自分でゴムを広げて頭からかぶって食事の態勢になれます。

動画スタート

なぜスプーンの使い始めは小皿を用意したほうがいいの？

自分で食べたいという意思が出てきたスプーンの使い始めは、まず、自分で食べたという達成感を味わう経験が大切です。たとえば、一口分をユニバーサルデザインの小皿＊に取り分けて、子どもが食べたらさらに一口分を小皿に入れていくようにします。こうして子どもの口に入る適切な量を入れ、一口一口「自分で食べた」という達成感ときれいに食材を食べきるという経験を積み上げていきます。

一口分を皿に取り分けるときも、「これ（が欲しい）」と子どもが指さし示す物を入れていくことが大切です。食材が偏ったときも一方的に入れるのではなく、「今度は〇〇も食べようね」と言葉を必ず添えることも忘れないようにしましょう。

1歳児低月齢児。まだスプーンでうまく食事ができない間は、少しづつ別皿に入れることで、できるだけ失敗せずに自分で食べられるように介助します。

動画スタート

＊ふちがせり上がっているので、スプーンをそわせやすく、すくって食べやすい食器。

なぜスプーンを上から握ってもつの？

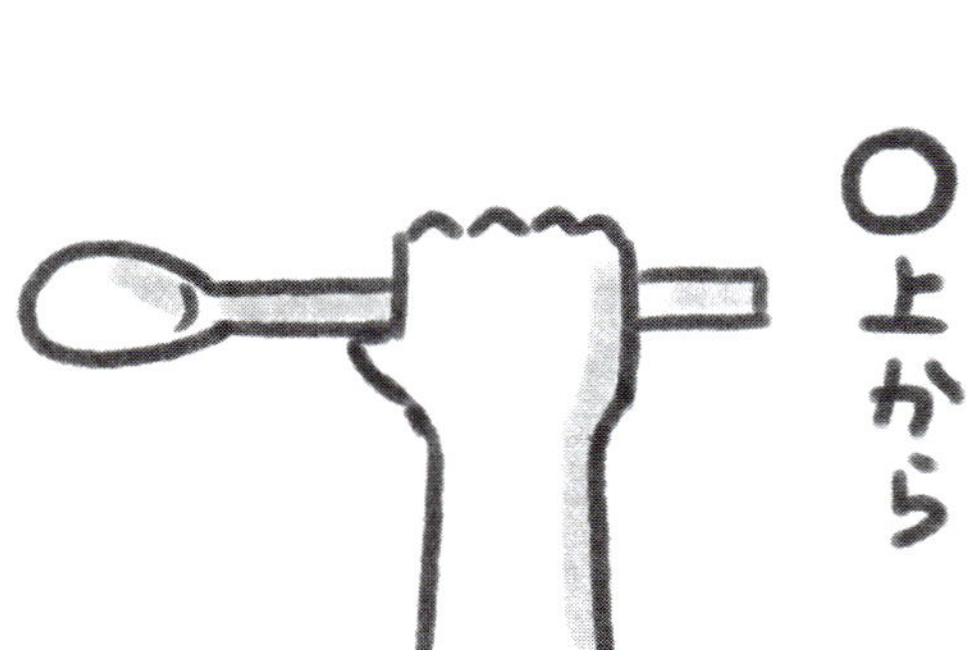

下からスプーンを握ったら握り箸のもち方になってしまいます。握り箸のもち方が、スプーンで癖になってしまうと、箸に移行してからもなかなか正しいもち方に修正することは難しくなります。そこで、

❶スプーンを上からしっかり握って、まずは腕全体も使ってスプーンを操作し食事をする。

❷①を繰り返し食事をするうちに、段々握り方が五指で支えながら手首を使ってスプーンを操作し、すくって食材を口に運べるようになる。

体の発達は大きな動作から細かな緻密な動作へ、体の中心から先端部へと発達していくものです。まずは腕の動きも使い、手首をしっかり使います。それがさらに手の力や作用を使ってスプーンを使いこなせるようなっていくのです。

１歳児の食事。食器のへりを使い、スプーンをしっかり握って食材をすくいます。

動画スタート

なぜ年齢でスプーンや食器を変えるの？

A

「すくいあげて口に運ぶ」という動作が円滑に行えるように形状に工夫を加えたユニバーサルデザインの食器がおすすめ。

3歳未満児の子どもの口の中に入る食材の量は少なく、咀嚼が十分にできる分量だけを口に入れられるような大きさのスプーンが必要となります。また、スプーンをしっかり握って食事ができる柄の長さも大事です。

スプーンの使い始めや、つまんで食べたい時期など、一口分の小皿を用意したり、ユニバーサルデザインの食器にしたりするなど配慮が必要です。子どもの発達に合わせて食器の形を考えることは、少しでも失敗を少なくし、「自分で食べた」「上手に食べられた」という満足感につながり、食事は美味しく楽しいものと思えるようになります。

年齢別のスプーン（例）

左から０・１歳児用、２歳児用、３・４・５歳児用

年齢別の食器（例）

３・４・５歳児

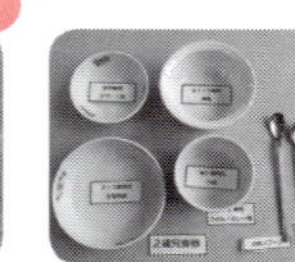

２・３歳児

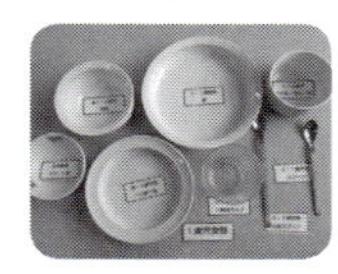

１歳児

０歳児

Q 21

長い間スプーンを使うのはなぜ？

A

手首をうまく使い、手の力や作用で上手くスプーンが使えるようになって初めて箸に移行します。スプーンが上手く使えるとは、

手首をしなやかに３６０度回転させられ、そのしなやかな手首の動きで食材をすくい口に中にこぼれないように運べる状態をいいます。このことは、将来、長時間でも鉛筆を正しくもって文字を書く力につながります。また、歯ブラシをうまく使いこなして、上下左右、前後表裏など、くまなく美しく磨く力にもつながっていきます。

しっかり時間をかけて手首や手の巧緻さを使って食事がとれるようになるまでスプーンを使用することは、身体の協応性を育む基本となるのです。

なぜ0歳児、1歳児は透明なコップを使うといいの？

透明だと子どもがどんなふうに唇や舌をつかって食事を飲み込んでいるかが介助する保育者に見えるからです。

子どもが上手く口周辺をつかって食事できているかを確認しながら食事の介助方法を考えることができるのです。

動画スタート

なぜ3歳未満児はもち手なしのコップを使うの？

しっかり手のひらを使って、両手でもって食事ができるようにするためです。体は中心から先端に、大きな動作から細かい緻密な動きにと発達します。まずは手のひらでしっかり物をつかむことから、数本の指、そして人差し指と親指で摘まむというように発達していきます。

また、手のひらにはたくさんの神経が通っており、手のひらでしっかり物をつかむことで脳が刺激されます。手のひらでぎゅっと握ることは3歳未満児の発達にとても重要なのです。

しっかりと手のひらでカップをもってスープを飲む２歳児。

食の機会は「子どもの最善の利益」を考える保育の宝庫

元東京家政大学
網野（あみの） 武博（たけひろ）

子ども達の生きることへの意欲とエネルギーの見事さは、とくに「食する」という行動に典型的に表れています。それを大切に受け止めていくと、保育環境のなかでも、「食」の機会は「子どもの最善の利益」を考慮して保育する機会にあふれています。そして、生命の保持と情緒の安定という〝養護〟の営みと、発達を援助する食育という〝教育〟が一体となって営まれる機会にあふれています。

よく見られる光景ですが、保育者側が主体の「食」を提供する機会として受け止められていると、その環境は、管理された給食のような風景、つまり調理員や保育者が「食べさせる人」、子ども達は「食べる人」という単なる給食の機会になるおそれがあります。子ども達の食べることへの関心、思い、願いに寄り添い、それを大切に受け止める機会として保育していくと、それはまさに子どもの主体性を育む保育として展開されるでしょう。

Q&Aの一つ一つをかみ

column 2

しめていくと、それを深く受け止めることができるのではないでしょうか。保育者が満足する環境ではなく、乳幼児がそれぞれの発達段階を経て個性的に主体的に成長・発達していることに充足感、満足感を覚える雰囲気が伝わってきますね。

たとえば、0歳のうちから自分を大切にする、自分で食べるという意識が自然に育まれていく環境、食べたい量を食べる、温かいものは温かいうちに食べる等の食習慣を形成する環境、きれいに食材を食べた、上手に食べた、自分で食べたという達成感や満足感を自覚する環境、さらには、「食」の機会を通じて、手のひらや指の運動をはじめとする微細な運動の発達が自然に身についていく環境等々は、まことに子どもの主体性を育む保育の宝庫として、参考になると思います。

養護と教育は「ルビンの壺」にたとえられることがあります。描かれているのは、向き合う二人の顔？　それとも大きな壺？　どちらも正解です。同じように、保育も見方によっては養護か教育に分かれますが、両方ともなくては成り立たないものです。

第3章

全年齢の保育で大切なこと

子どもを「待たせない」ってどういうこと?

待ちすぎて体が…

食事にしても排泄にしても、一斉にすることで早くできた子どもは最後まで待たせられることになります。また、遅い子どもにとっては、いつも友達を待たせてしまうという立場に立ってしまうことになります。

待つことは無駄なことではありませんが、何もすることがなく、また、待つことに目的もなく、ただ意味もなく無駄に待つことは、子どもにとってなんの力にもならないでしょう。

給食の場面でお話ししましょう。保育者が食事の準備を始めたのを見て、「お腹がすいたな」と早く食べたいと思う子どもや、遊びに切りがついた子どもから順次テーブルに座って、食事ができることを大切にしたいと考えます。そのために食事の時間に近づいたら、食事コーナーのテーブルにクロスをかけるなど、食事スペースのセッティングをして子どもが「そろそろご飯だな」とわかるようにすることを心がけたいものです。まだ準備も整っていないうちから、ただ座って準備が終わるのを待つことは、保育者の都合であり、子どもの必要感からではないのです。

なぜ鏡って大事なの？

登園したとき、遊んだ後に手を洗うときなど、自分の姿を鏡で見て「髪がぼさぼさ」「鼻水が出てる」「顔や服が汚れている」「シャツが出ている」など、自分で気づき、身だしなみを整えることを学ぶきっかけになるからです。

身だしなみを整えることは礼儀でもありますが、自分自身に関心をもち、自分自身を大切にすることにもつながります。

さらには、鏡で自分の姿を客観的に見ることで、外側の目で自分の存在を見るという認識の育ちにもつながるのではないでしょうか。

自分のありようを外側からみることとは、心理面でも外側から自分を見つめることにもつながります。ときには、自分本位になっている姿に気づき、気づくことで自分自身を正そうとするきっかけとなるかもしれないのです。

なぜ個人のシールは同じものがないの？

子どもは一人一人かけがえのない存在であり、一人一人違う、ほかの誰でもない、この世にたった一人の〝ひと〟なのです。名前と同じように、子ども一人一人に一つずつのシール（シンボルマーク）を用意しておくことは、字が読めない子どもにとって、とてもうれしいことではないでしょうか。園内の子どもの数だけシール（シンボルマーク）があると素敵だと思いませんか。

ほかの誰でもない自分だけのシンボルマークがあることで「ここは自分のロッカー」「ここは自分の場所」というように、一人一人が園やクラスの中に、自分の居場所がある安心感や所属感を得ることができるのではないでしょうか。

また、「これは自分がつくったもの」「これは自分が遊んでいる途中だよ」など、シンボルマークは〝名前代わり〟ではなく、卒園するその時まで、〝自分〟そのものの代名詞として子どもたちは使っています。

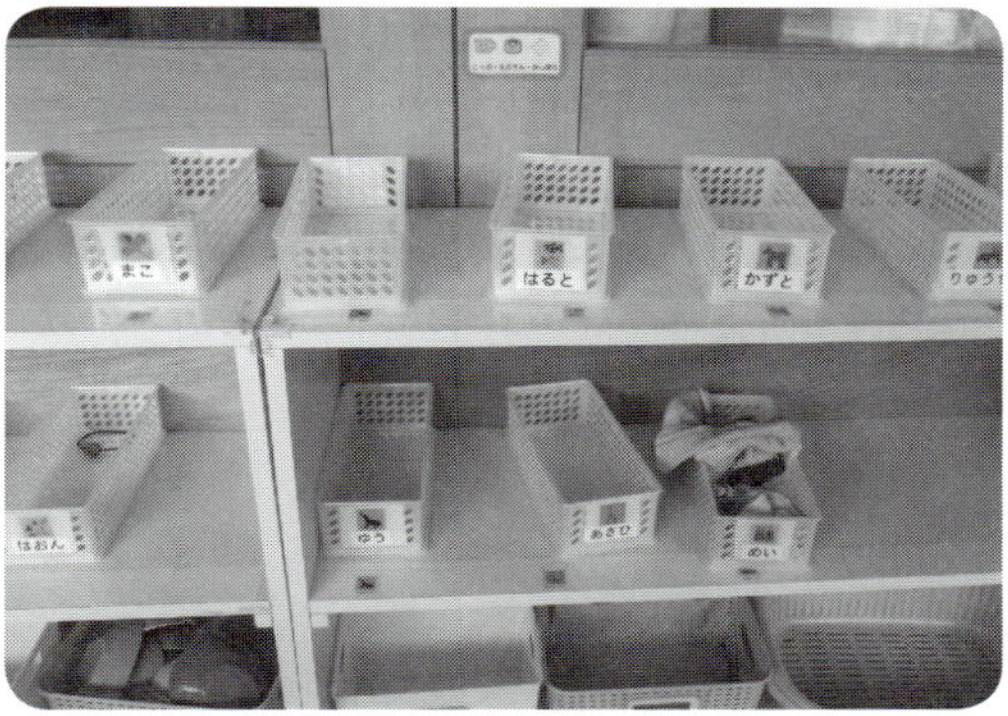

３歳未満児の個人用かご。すべてに唯一のシンボルマークがついています。

〝危険のスケール〟ってなに？

行ってはダメ」「さわってはダメ」など、ただ禁止するだけでは何が危険なのか、どうしたらその危険から身を守ることができるのか、実際に自分で気づいて行動する力には結びつきません。

生活の主体となって遊びやさまざまな体験をする中でこそ、子どもは「この虫をさわったら刺されるかもしれない」「どんな虫が刺すのかな？」とか、トゲの出た樹を見つけて「危ないよって、みんなに知らせないといけない」など気づいていきます。また、他にも「川があるから気をつけて歩こう」「この道は車がよく通るな。よく確認しよう」など、体験の中から何が危険なのか、危険から身を守るためにどうしたらいいのかを考え、自分たちで安全に過ごすための工夫や行動について学んでいきます。

危険のスケールとは、保育者が一方的に禁止することではありません。子どもが遊びや生活を営む中で、保育者と創り出していくものなのです。

なぜ子どもたちの活動の写真を貼りだすの？（ドキュメンテーション）

1歳児クラスの前の掲示板に張り出されたドキュメンテーション。

4・5歳児のクラスには、子ども自身が振り返り見られるようにドキュメンテーションの綴りを置きます。

玄関には、各年齢のドキュメンテーションを綴じたファイルが置かれています。

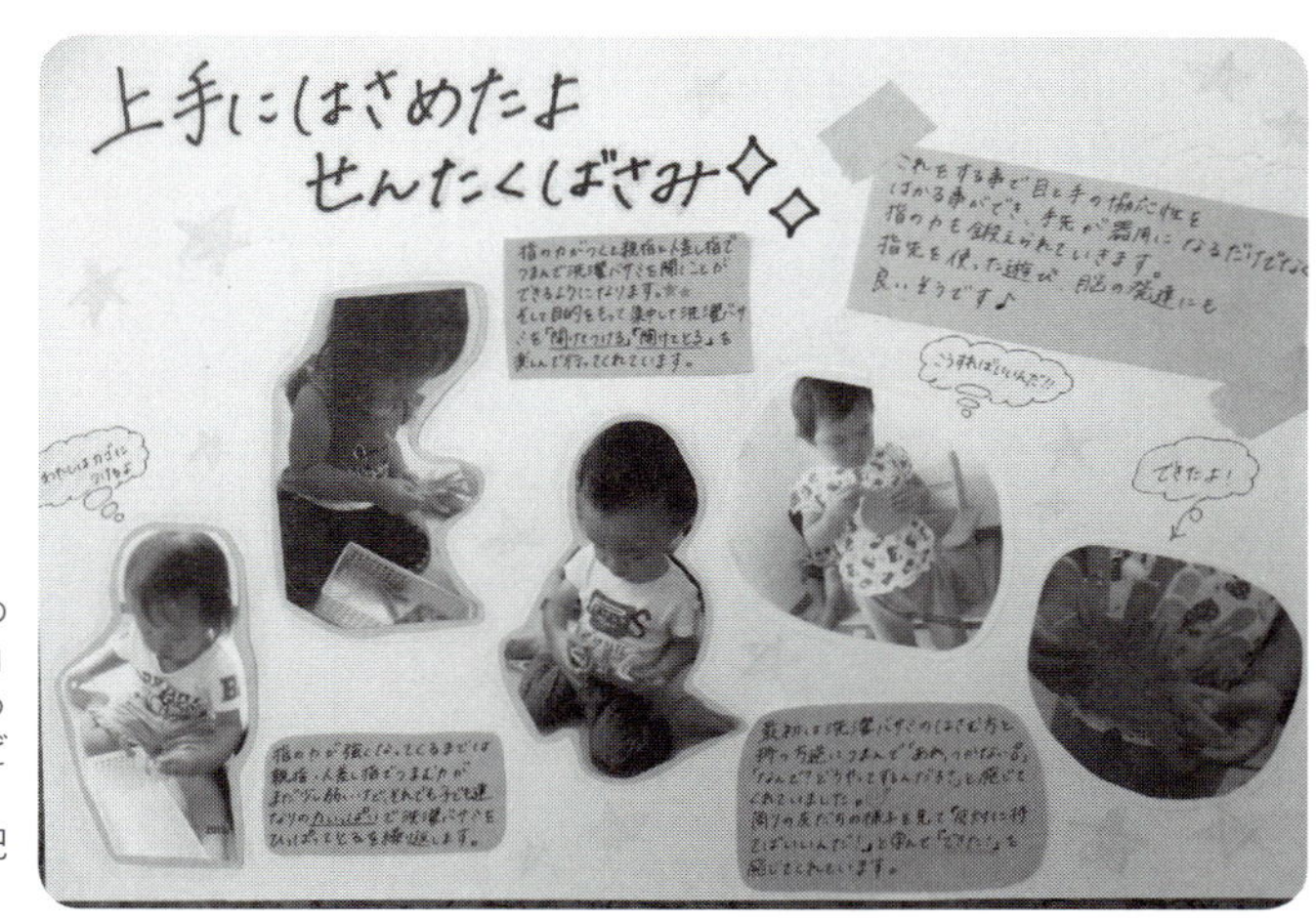

１歳児の活動をまとめたドキュメンテーション。洗濯ばさみを使った遊びを通して、子どもに何が育っていて、何を学んでいるかが記録されています。

ドキュメンテーションとは、単なる遊びの様子や子どもの様子を貼りだし、また、成功体験（いい結果）だけを紹介するのでもありません。遊びのプロセス（過程）に視点を当て、その中で子どもに何が育っているのか、どう育とうとしているのかを写真とコメントで追うラーニングストーリーだといえます。

保護者には、実際の写真とそこから見えてくる子どもの学びの姿を、一番わかりやすい方法で伝えることができます。それとともに、保育者自身もドキュメンテーションを作成する中で、あらためて子どもに育ってきている、育とうとしている学びの姿を確認することができます。

ドキュメンテーションづくりはこんな感じです

スタート

撮りためた写真の中から、どの写真を使うか考えながら選びます。

土台となる用紙（このときはＡ４サイズ）にあわせて、使う写真を切り離します。

子どもの姿を思い浮かべながら写真を用紙の上に並べてみます。

レイアウトを考えて、写真の形をカットします。

子どもも、自分たちの遊びの軌跡（学びの物語）を写真で追うことができます。客観的に自分たちの活動する姿を見ることは、自信につながるとともに、次の遊びに生かそうと、その後の活動の中で発展させるきっかけになるはずです。

たとえばまず、ドキュメンテーションを保育室前に貼りだし、さらに、コピーした各クラスのものを学びの軌跡としてファイリングします。そして、保護者向けには玄関に設置し、他のクラスの遊びの軌跡を閲覧できるようにします。また、子どもは保育室で自由にいつでも見ることができ、遊びの刺激になるように設置しておくのです。

カットした写真をのりづけします。

保育者が子どもから何を見とったかを考えながらコメントを書いていきます（保護者や同僚、子どもに何を伝えたいか、子どもが何を学んでいるかを考えながら）。

これでいいか最終確認。

＼完成！／

ゴール

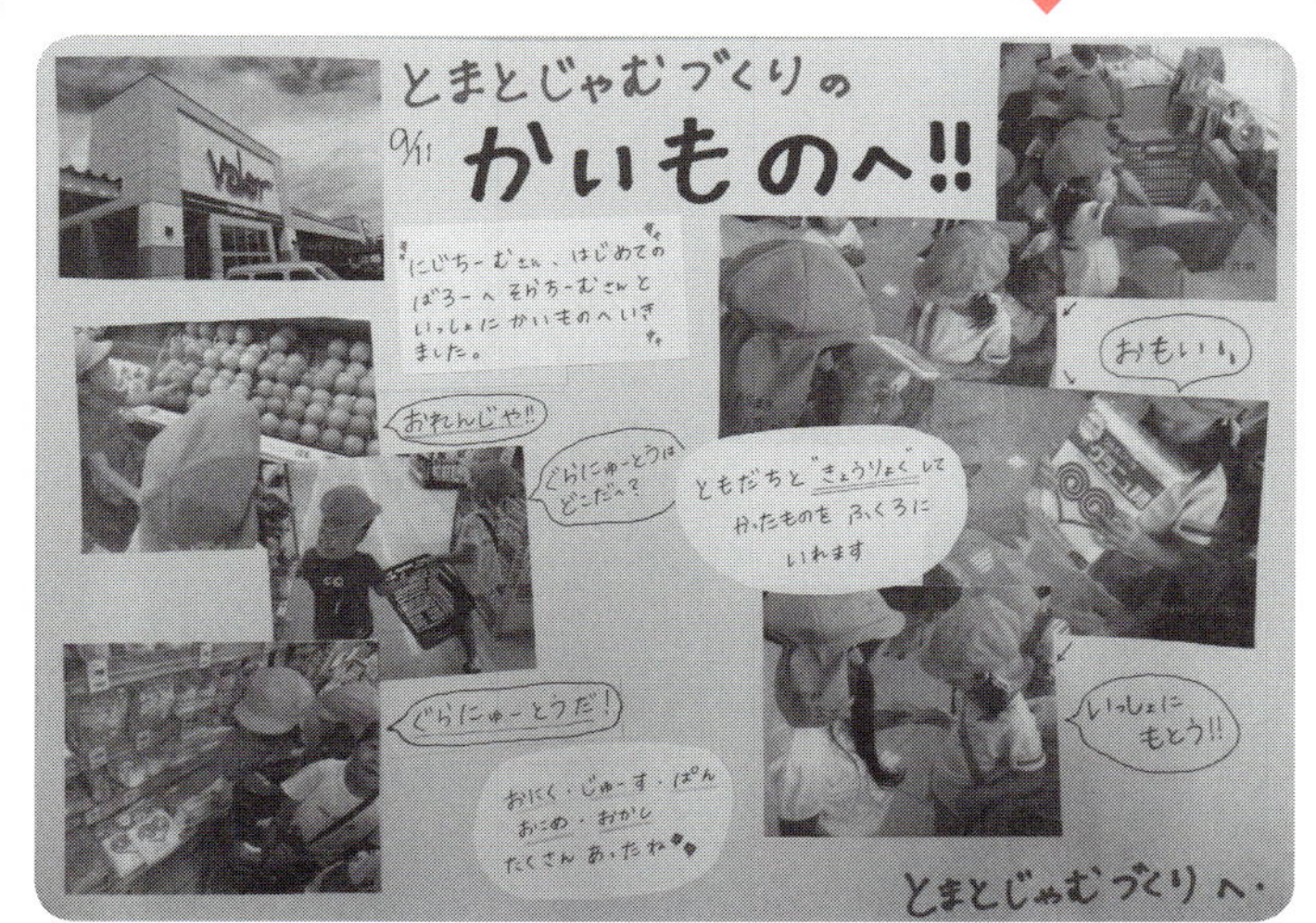

15分ほどで仕上げたドキュメンテーションです。

生活の流れが自分でわかるってなぜ大事なの？

登園して身支度をしたら、しばらく落ち着いて保育室で過ごし、9時半をめどにクラス会を始め、そこで今日のスケジュールをみんなで確認します。このように、一日のスタートが変わらないこと、そして、朝のクラス会で今日の自分の生活がわかること（今日は避難訓練の日、今日はお誕生会など特別な行事があるなど）で、子どもなりに「○○があるから、それがすんでからこれをしよう」とか「今日はお昼まで時間があるからここまでやってみよう」など見通

しをもって生活ができるようになります。

今日の生活がわかるということは、子どもが安心してやりたい遊びに夢中になれるだけでなく、「今日は○○の予定があるから、こうしなければならない」というように、今日の過ごし方を考えたり、やりたいことも時間を見ながら段取りを考えたりするなど、自分の行動を調整しようとする力が育つのです。

さらに、年長児になると、一週間、一か月と自分たちでカレンダーをつくって少し先を見通して、必要なものをつくったり、遊びの予定を立てたりして活動を進めようとします。保育室に自分たちで必要なときに予定を書き留めていけるカレンダーがあることで、友達と目的を共有し合いながら先を見通して生活をつくっていこうとするのです。

なぜ時計はアナログがいいの？

1日の主な予定と時間がわかるための工夫の一例です。

子どもが時間（時刻）を視覚で確認できることで、「6になったら片づけ、そろそろ遊びを終わろうか」「12までもう少し時間があるから、もうちょっとだけ続きをしてから給食を食べようか」など、あとどれくらい時間があるかがわかり、見通しをもって活動することができます。

ですから、子どもがわかりやすい文字盤で、12時間・60分で一周のアナログ時計（時間の長さが視覚で確認できるもの）を、保育室だけでなく、子どもの活動の場の見やすい場所に設置してみてはいかがでしょうか。大事なのは、時計が読めることではなくて、時間がよめる（見通せる）ことです。

また、順序が理解でき始める3歳児から、生活に必要な時刻を時計と照らし合わせて確認できるような表示（絵カード）を保育室の時計の近くに掲示することで、さらに子ども自身で時間を確認でき、見通しをもった生活がつくれるのではないでしょうか。

当番活動ってどうしたらいいの？

【3歳未満児】

０歳児なりの「わたしもできる！」を大事にしたいものです。「〇〇をお部屋まで一緒にもっていってくれるかな？」など、ちょっとしたお手伝い、生活の中のお仕事を一緒にするなどでよいのです。それが、１歳児、２歳児と年齢が進むにつれて、給食の準備を手伝おうとしたり、保育者のしている仕事を興味深く観ようとしたりするようになります。やがては、見よう見まねで「わたしがする！」ということが増えてくるのではないでしょうか。

特に、「昨日の自分よりもっと大きくなった」と願う２歳児の子どもは、保育者と一緒にすることから、自分でやってみることに変わっていくのではないでしょうか。「自分だけでできるから、先生、ちゃんと見ててね」…保育者の心の支えを糧に、２歳児の子どもは、自分でできることを積み重ねていくのです。

【3歳児】

3歳児になると、自分もしたくて、順番にお手伝いしようとします。これは〝順番〟の概念が理解できるようになる、3歳児らしい姿といえるのではないでしょうか。さらに、3歳児の後半は、「もうすぐ大きいクラスになるんだ」と期待がふくらむ時期、つまり4歳児へのアプローチ期でもあります。保育者は、3歳児クラスのお手伝いを、簡単なことから、4歳児クラスの当番活動へと変化させていくことに心がけなければなりません。

子どもは、自分ができるみんなのための仕事を、保育者から頼まれるお手伝いという形から、みんなのためにする自分の仕事として主体的に活動を始める第一歩を踏み出していくのです。

例えばこの3歳児の後半期に、当番の印として当番バッチを準備します。当番バッチをつけることで「今日は私のお当番！」「いつもとは違う特別な日！」という大きくなった自分への誇りでいっぱいになることでしょう。同時に、「誰か（クラスの友達や保育者）の役に立っている」という心地よさを感じることにもつながるのではないでしょうか。当番バッチはそんな願いが込められた、保育者の意図的環境なのです。

【４歳児から５歳児へ】

４歳児になると少しずつ当番活動が始まります。これまでのお手伝いだけでなく、クラスの生活の中の仕事を、今日は自分が請け負う番という認識をもって取り組むようになってきます。４歳児の子どもは、当番として自分がやらなければみんなが困ることを自覚し、毎日の生活の仕事を同じ当番の友達と一緒に責任をもとうとします。一つ一つ、「必要だ、やらないと！」…と思うことにこつこつとがんばる４歳児の姿がここにはあります。

５歳児になると、「今日は当番だし、早めに遊びを切り上げてお部屋にもどろう」と、時計を確認しながら声を掛け合って保育室に入り、当番活動の準備を始めるようになります。自分たちの仕事をどうこなしていくのか見通しをもち、一日の生活の中で当番としての責任を果たそうとするのです。一日の生活の中で、当番という立場に対して主体的に責任を果たそうとしています。先を見通して、周囲にかかわって、自分たちの生活のあり方を自分たちでつくっていこうとする５歳児の姿がここにはあります。

【集団づくりの観点からみた当番の構成と仕事は？】

当番活動はクラスの仕事を友達と協力し合って活動することですが、そのメンバー構成は発達の姿に沿うことが必要になってきます。

お手伝いから移行したばかりのお当番（3歳児後半）は、自分の番が自分自身でわかりやすい名簿の順にしたり、また、気の合う子ども同士にしたりすることで、安心して当番の仕事に取り組めるようにします。子どもの様子を見ながら、どのような形で構成するかを、保育者が意図をもって行うことが大事です。

さらに、当番活動が本格的に始まる最初の段階（4歳児）は、各グループから一人ずつ代表が当番となります。まずは自分のグループの人数を確認したり、自分のグループの友達にちゃんといきわたっているか確認したりするなど、自分のグループ（小集団）の生活に責任をもって仕事することを経験します。

それがやがて、5歳児になると、グループの友達と協力し合い、考えて分担しながら、クラス全体の生活に目を向け、グループで責任をもとうとするようになります。このことは、小さな集団から全体へと目を向ける、発達の姿だといえるのではないでしょうか。

２歳児。保育者がする仕事を自分も「できるよ」と手伝います。保育者もそれをきちんと受け止めます。

＼生活の主役は自分たち／

［当番の姿］

３歳児。「自分たちの仕事だ！」というように、保育者といっしょに給食や食器がのったワゴンを引っ張り出します。

３歳児。毎日の生活の中でそろそろ給食の時間だとわかり、自分たちでできることは準備し始めます。遊びのテーブルにクロスをかけることで、そこは食事の場所に。

４・５歳児。配膳の仕方は日本食の置き方（左に白飯、カレーや丼などご飯もの、右に汁椀、前におかず皿）に準じています（将来、社会で食事のマナーが自然とできるように）。

＼動画スタート／

設定保育では主体性が育たないの？設定保育ってだめなの？

A

設定保育は、保育者が提案した活動をクラスのみんなで取り組むものですが、問題は設定か設定でないかではありません。保育者側から与えられる一方的な活動かどうかということです。

たとえ、保育者側から提案された活動であっても、その中で「自分はこんなふうにやってみたい」「ここからやってみる」など、子ども自身が心動いたことをその活動の中で実現できる双方向的な活動であることが大事なのです。

さかなつりごっこを例にして言えば、「ぼくはさかなをいっぱいつくる」「わたしは釣り竿をつくる」「ぼくは早く魚をつかまえたい」など、同じさかなつりごっこであっても、子どもの心が揺さぶられる内容はそれぞれ違います。さかなつりごっこでやりたいことが選べ、それを自分なりにやり遂げることができる、多様な環境や援助がなければなりません。

設定保育において、どんな遊びになったかよりも、この遊びの中で子どもにどんな力が育っているか（育とうとしているか）が重要です。その育ちゆく道のり（学びの過程）は子どもによって違いはあっても、子ども一人一人が確かな資質・能力を育んでいることに保育者は目を向けなければなりません。

それを設定保育という保育形態の中でも、十分に保障することが大事だということになります。子どもや保育者が対話を通して一緒に考え、それぞれの課題の実現に向かっていける、すべての子どもが「おもしろかった！」と達成感や満足感を味わい、それぞれがその活動の主人公となれる保育が求められるのです。

1号認定児と2号認定児、生活はどうしたらいいの？

A

保育ニーズの違いで1号認定、2号認定等＊と分かれますが、子どもにとっては同じクラス、同じ園の友達として生活しています。大人以上に、一緒に暮らしている仲間だということをわかっているはずです。

わかっているからこそ、いろいろな生活の場面で、「○○ちゃんは早く帰るんだよ。だから、また、明日、一緒に続きをするの」「ここは（1号認定の）○○くんががんばってつくったから、勝手にさわったらだめだよな。明日、聞いてみよう」と声をかけ合います。また逆に、「ぼくたちは帰るから○○ちゃん、続きをお願い！」「私、家にある折り紙でつくってくるから、（2号認定の）○○ちゃんもお願いね。明日、一緒にあわせようね」など、互いの立場や自分にできることを理解したり、伝え合ったりしながら生活を共につくっているのです。

生活時間の違う友達がいるからこそ、生活をする中でその違いを理解し合い、互いにできることや役割を一緒に考え、よりよい暮らし方を共につくっていくことができるのです。このような生活の積み重ねが、将来、さまざまな立場の人たちと協働して社会生活をつくる力につながるのではないでしょうか。

保育者が遊びや生活の約束を決め、子どもに守らせることが大切なのではありません。子どもがそれぞれ思いを出し合い、ときにはぶつかりながらも、どんなふうに過ごせばみんながうまく生活していけるかを考える場であるととらえてみてはいかがでしょうか。

＊乳幼児を保育所などへ通わせる際に、保護者は保育の必要性に応じて行政から認定を受けます。1号認定、２号認定、３号認定の区分があります。

Q34

「町探検」ってなぜするの？

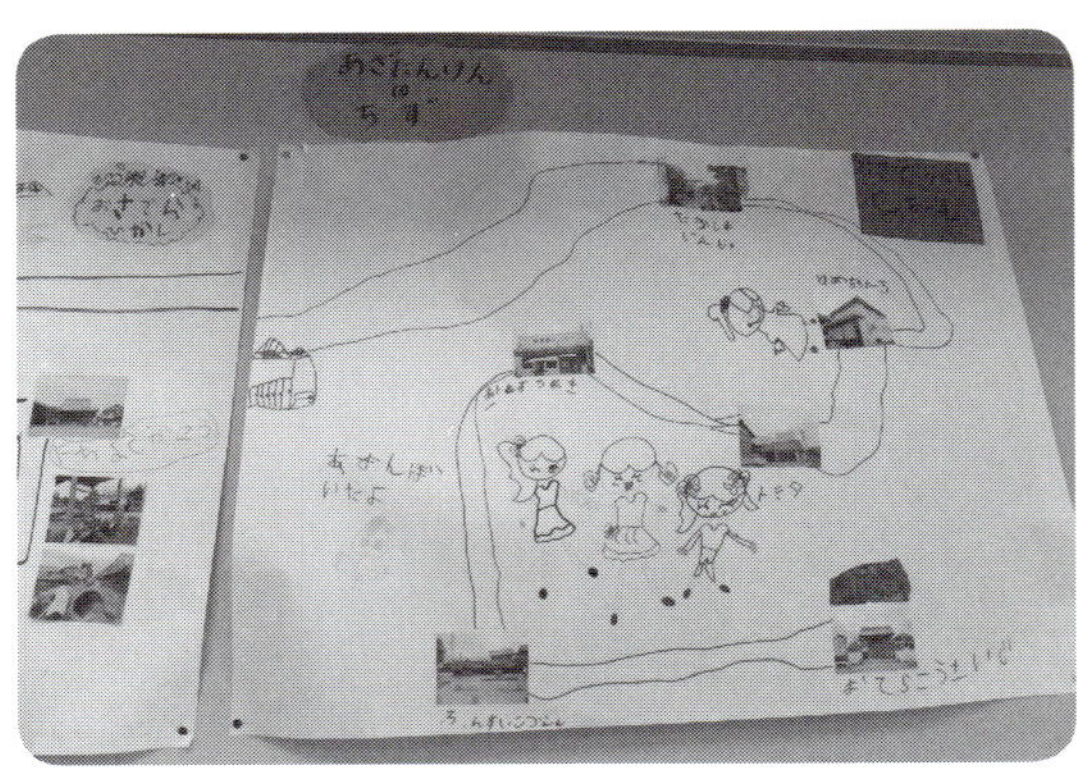

5歳児の作成した町探検マップ。公園や神社、友だちの家、発見したアメンボのことが描かれています。

4・5歳児が町探検をおこなったときに作成したドキュメンテーション。写真と文章で街の様子が一目瞭然です。

　自分たちの住んでいる町、毎日通っている園がある町、自分の生活とかかわりがある町に目を向け、関心をもってほしいと願います。ふだん、何気なく生活している（通っている）町にある魅力やおもしろさに気づくことで、子どもに、「自分たちの町」という愛着心が育っていきます。
　「私たちの園の周りって、こんなに楽しい場所があるんだ」と、地域のさまざまな環境にかかわることで、遊びや生活に必要な情報を取り入れ活動するようになります。また、「ぼくの住んでいる町には、いつも見ていてくれるおばちゃんがいるんだ」など、地域の身近な人とのかかわりや相手の気持ちを考えるようにもなります。地域に親しみをもつ経験を通して、それぞれの年齢なりに社会とのつながりを意識するようになるのです。

園生活の主役は一人一人の子どもです　脇役になることはありません

岩手県立大学　井上（いのうえ） 孝之（たかゆき）

「待つこと」について考えてみましょう（Q24）。0歳児の子どもは泣くことで空腹や心地悪さを訴えます。保育者が担当する人数も少ないので、待たせることなく対応できます。1歳児、2歳児と年齢が上がるにつれて、保育者の担当する子どもの人数も増えてきます。3歳児以上では、子どもの要求に「待っててね」「あとでね」と言葉をかけることはありませんか？その後のフォローは忙しさで忘れないようにしたいものです。

「待つこと」は学びの時間でもあります。はやる気持ちを抑えて自分の番を待つことは大切です。順番を守らないと遊びは楽しくなりません。そのためルールやきまりは必要感から子どもたちと考えていきましょう（Q27）。

たとえば、クラスの活動で楽器をつくる場合、〝早く音を出してみたい〟という思いが活動への意欲づけになります。しかし、保育室にたくさんの音が飛び出すと、作業中の子どもは

column 3

焦ってしまい、保育者も落ち着かなくなりそうです。そんな時は、子どもたちと「音を試す」場所を決めてみましょう。また、同じ活動でも完成までの時間は子どもによってさまざまです。手順や説明は一斉の活動で行い、製作は好きな遊びの中で行うと、子ども同士の学びあいも育まれ、保育者の援助も丁寧に行えます。

さて、保育所保育指針では、これらの内容は「１保育所保育に関する基本原則（３）保育の方法」に述べられています。それは、「ア．（略）子どもが安心感と信頼感をもって活動できるよう、子ども主体としての思いや願いを受け入れること」「ウ．子どもの発達について理解し、（略）子どもの個人差に十分配慮すること」「エ．（略）集団における活動を効果あるものにするよう援助すること」です。これらを具体的に示したのがこの第３章です。

第4章

保育環境で大切なこと

なぜ保育環境は〝適当〟なの？

A

保育は、「街の食堂のように客の好みに応じて食べたいものが食べられるようなものがいい！」と思います。つまり、個々によって洋食や中華、和食など選ぶメニューはさまざまですが、その食事を摂ることで赤青黄、バランスよく栄養（教育的価値）が配分されていることが大事です。

一人一人、個性や興味・関心の違う子どもです。そんな子どもたちが繰り広げる遊びは、それぞれが「おもしろそう」「やってみたい」と心動くものを、自分自身で選べるものでなければなりません。さらに遊び込む中で、自分なりのやり方や挑戦が生まれなければなりません。

子どもの興味・関心はさまざまです。また、遊び方も違います。一人一人にあった〝適切〟な環境や援助が必要となります。こうした環境や援助は、子どもの数だけあるために、全体には〝適当〟に見えますが、個々の子どもには〝適切〟なのです。幼稚園教育の目標を記した学校教育法第22条＊に書かれている〝適当〟とは、一人一人に〝適切〟な保育実践を意味しているのです。

当然、子どもの遊びを支える〝適当〟には、保育者の「あの子にこの環境と出会ってほしい」「こんなふうにやり遂げてほしい」といった保育者の願いが込められていることはいうまでもありません。

＊「幼稚園は、義務教育及びその後の教育の基礎を培うものとして、幼児を保育し、幼児の健やかな成長のために適当な環境を与えて、その心身の発達を助長することを目的とする」（学校教育法第22条）。

壁面にかわいい動物やキャラクターを貼るのはいいの？

2歳児の絵本コーナー。家庭的な雰囲気で落ち着いてお話の世界を楽しめるよう、絵本以外の壁面の飾りはなく、天蓋で天井を低くしています。

子どもだから「かわいい」「カラフル」なものを…と考えるのは、「子どもは小さいからアニメ的なものを喜ぶ」という大人の潜在的な偏見がまじっているのではないでしょうか。子どもを取り巻く現状では、こうした環境があふれているように感じます。

本来は家庭的な雰囲気を大切にする保育現場において、すべてがこうした壁面環境だとしたら、子どもは落ち着いて生活することができるでしょうか。

すべてを否定することはできま

せんが、少なくとも保育の環境として考えるとき、子どもの遊びや生活を展開するための、よい刺激になっているかどうか考えてみましょう。

たとえば、擬人化された動物が電車に乗っている壁は、子どもが遊びをつくりだしていくための、心揺さぶられる環境と言えるでしょうか。その壁面を製作するために、保育者は多大な時間をかけています。ときには残業やもち帰りの仕事にもなっています「つくる」「飾る」だけが目的の作業に、保育者は疲弊していないでしょうか。もし、子どもにとっての環境として、あまり意味がないのであれば、思いきって見直すことも必要です。その時間を保育者自身の感性を高めるための豊かな時間（美術館巡りやグルメなど趣味の時間）にして、明日の保育への豊かさにつなげるのもひとつです。

壁面は、保育者だけがつくるものではありません。四季折々を通じて、子どもと保育者が織りなす遊びや生活の中から生まれてくるものです。散歩に出かけたとき集めた草花を、押し花にして飾ってみましょう。そこから、「私もつくりたい！」という子どもからの声が出てくるかもしれません。保育者も子どもとの生活者の一人です。子どもとの生活の中に、壁面のヒントはたくさんあるはずです。

コーナーばかりで保育室が狭くならない？

4・5歳児。それぞれ自分がやりたい遊びに落ち着いて取り組んでいます。ひとつの遊びと別の遊びとつながっていくことも見通して空間づくりをします。

コーナーをつくることとは、ただ単に保育室を分割することではありません。「構成あそび」「机上あそび（ゲームあそびなど友達数人と楽しむもの、パズルなど一人で集中するあそび）」「ごっこあそび」など、それぞれ子どもが遊びたいことが実現できる場の設定なのです。

パズルやモザイクあそび、指先あそびなど集中して遊びたいものは区切って、周辺に目につくものがない場所を選びます。

また、構成あそびでは、つくっ

たものが壊れないよう、また、より高度なものへとつくり上げていけるよう、倒れたり崩れたりしない床面が平らで人の行き来が少ない場所を選びます。

ごっこあそびでは、ままごとのキッチンコーナーと赤ちゃんのお部屋（お世話あそびのコーナー）を隣接させるなど、どんなふうに遊んでほしいか、また、子どもがどんなふうに遊びを発展していくかをイメージして場の構成を考えていくことが大切です。

遊びの場と場の区切りは必要に応じて棚を使いますが、ラグを一枚、ミニカーペットを一枚敷くだけでも、そこは特別な〇〇の場所という一つの空間になり、区分けができるはずです。

保育室は走り回る場所ではなく、安心して落ち着いて暮らせる空間です。子どもが生活する場であり、遊び学ぶ場なのです。落ち着いて自分がやりたい遊びに集中できること、そのために、子どもが生活しやすい動線を考えた保育室環境を整えることが必要です。

Q38

子どもがつくった作品はどうするの？

自分がつくった作品を飾れる棚があるとうれしいものです（４・５歳児）。

お店屋さんごっこの看板をロッカーに貼って残しておきます（４・５歳児）。

構成遊びの作品の写真。毎週金曜日にもとに戻す約束ですが、お気に入りは写真に撮って残します（４・５歳児）。

遊びに必要だと思うものがあったり、「これをつくりたい！」と心が動いたりすると、子どもはどんどん空き箱や紙、ペットボトルなどさまざまな素材を使って作品をつくり出します。子どもにしてみれば、それは〝作品〟をつくっているのではなく〝遊び〟そのものなのです。「明日も続きをしよう！」と、子ども自身で大切に片づけられるところがあったり、でき上がったものや描き終えた絵を大切に飾れる場所（棚など）があったりすることが大切になります。

子どもが見通しをもって続きがいつでもできること、子どもの手が届くところに飾れる場であることが大切です。何より、一人一人の思いがつまった遊びの軌跡を丁寧に、そして大切に扱うことが重要です。一人一人の遊びの軌跡をどれだけ大切に扱おうとするか、保育者自身の姿勢が問われています。

どうしたら数量・図形、文字などに関心をもつようになるの？

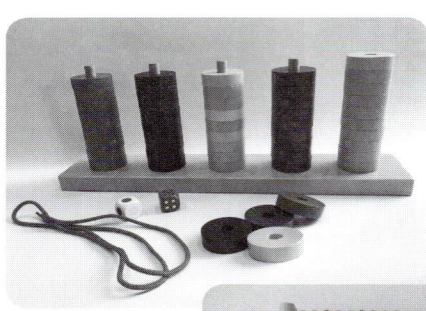

数や量、色などに触れて遊べるおもちゃの一例。

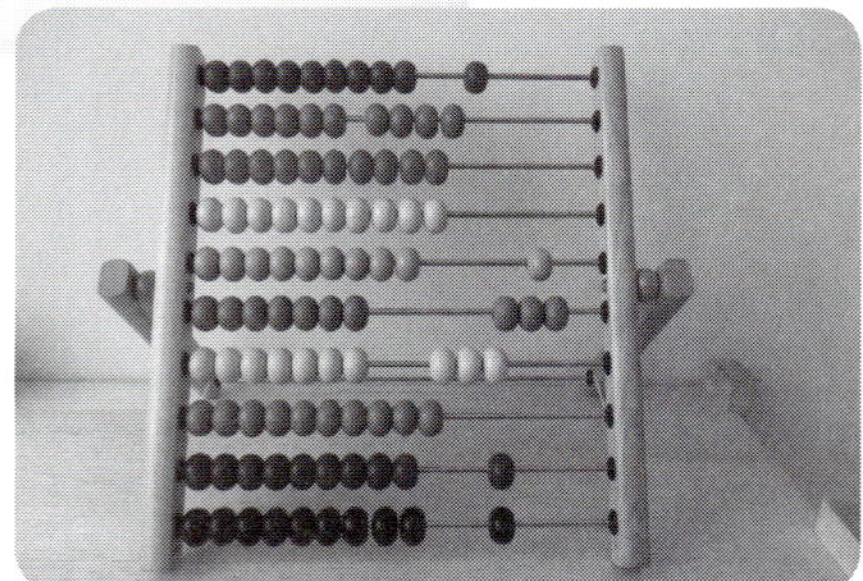

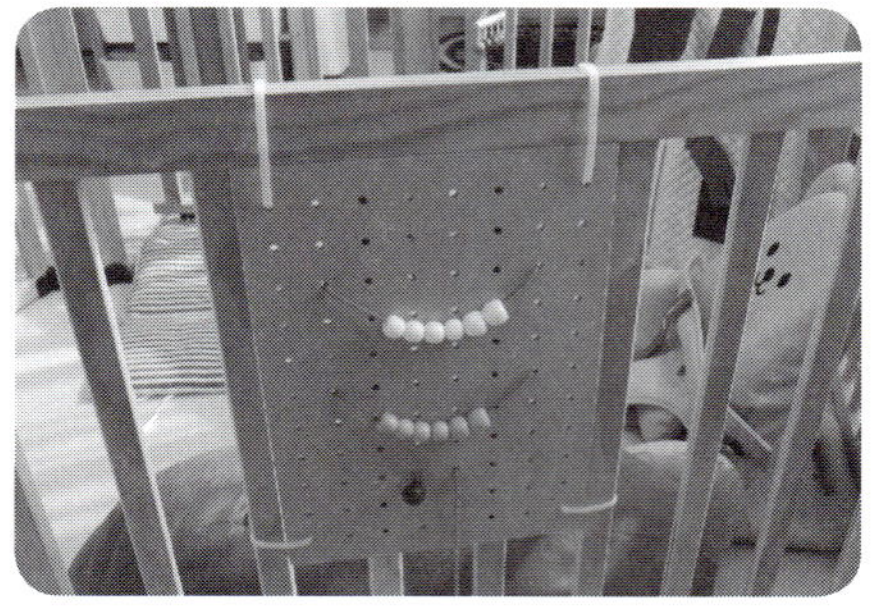

0歳児のおもちゃ。指先でひっぱる、つまむなどを楽しむことが学びの芽生えにつながっていきます。

　さまざまな活動や遊びの場面で文字や数字が必要になることがあります。たとえばブロックを分けるときも、「どっちが多い？」「同じぐらいに分けよう」とやり取りをすることで量概念が育ちます。メジャーやはかりなどを用意しておくと、「どれぐらいの大きさ？」「どちらが重い？」と物と物を比べるために、測るという方法があることを遊びの中で経験していきます。遊びの中で「どうなんだろう？」と疑問に思うことや知りたいと思うことを実際に測って目で確認することで、その物について関心をもつようになります。

　文字表が保育室の環境としてあると、子ども自身で「〝あ〟ってこんな字だったかな」と確認することができ、初めて文字を書くときに手本となります。見られるだけでなく、子どもが必要なときに必要な場所に動かせる（手元における）ことも重要です。

　教えるのではなく、子どもの必要感から、知りたい、書きたいと願ったときに、子ども自身の手で使える環境、書ける環境が重要なのです。

　さらには、０歳児から保育環境、おもちゃにプラステン（ドイツ生まれのシンプルな木のおもちゃ）や色玉など数や量、色などに触れるものを意図的に選び設置したり手づくりしたりすることで、遊びの中で自然に触れられる環境を整えることも大切です。

「調べられる環境」ってどんな環境？

「これ、なんだろう？」「どうしたらいいのかな？」など、子どもが疑問に思ったこと、知りたいと思ったことが、知りたいと思ったそのときに子ども自身で調べられる環境であることが大切です。

図鑑であったり、パソコンからの情報であったり、知りたい情報を、自分たちですぐに調べることができる場所に設置されて、子どもの目線に合わせた場所にあることが大事です。こうした経験が「学びに向かう力」となり、興味や関心から発した直接的で具体的な体験は、子どもが発達するうえで豊かな栄養となります。子どもはそこから自分の生きる世界や環境について多くのことを学び、さまざまな力を獲得していくのです。

植物や虫など身近な生き物に触れたとき、すぐに自分で調べられるよう図鑑と虫眼鏡を用意。

なぜスケジュールボードがあるの？

３歳児の１日のスケジュールボード。

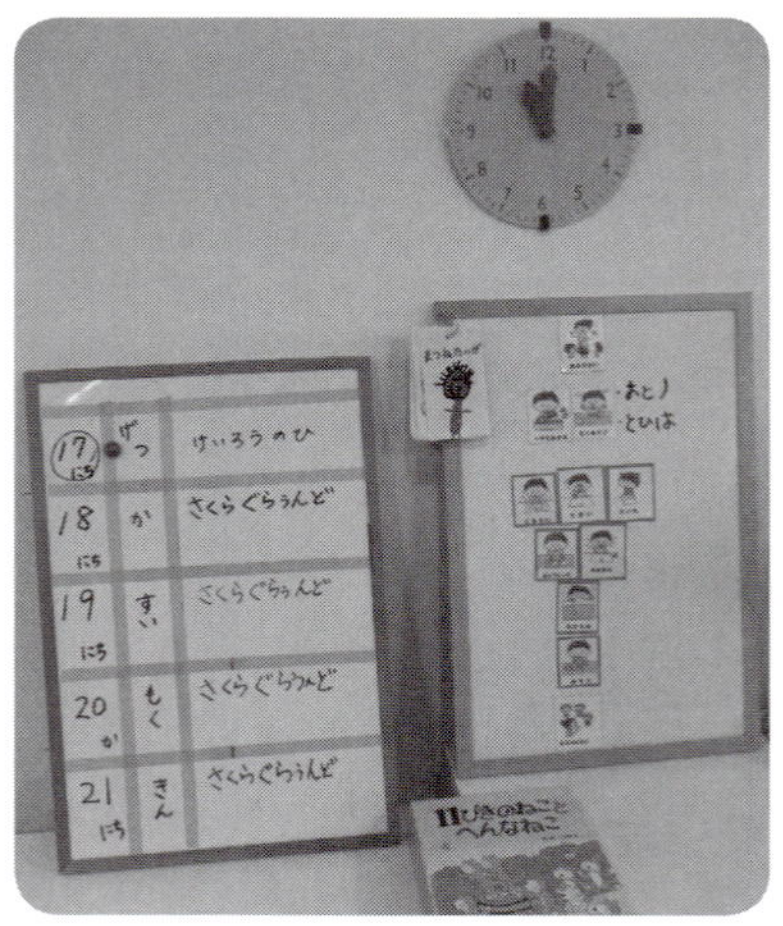

４・５歳児の１週間のスケジュールボード。

「今日は身体測定があるから、早めに中に入ろう」「今日は川へ散歩に行くから、バケツももっていこう」「今日は給食まで外遊びができるぞ」。今日という一日を子ども自身が可視化することで、子どもは今日の過ごし方や段取りを考えながら動くことができます。スケジュールボードは順番という概念が育つ３歳児から使用できます。５歳児には、一日のスケジュールだけではなく、自分たちでカレンダーをつくることもすすめています。これによって、遊びや行事など、中・長期的に先を見通した活動の流れを考えながら、自分たちで生活をつくる力も育てることも期待できます。

なぜ朝の身支度の場所を保育室入り口周辺にするといいの？〝保育室をデザインする〟ってどういうこと？

身支度を手順に沿ってしようとしても、片づけ場所や入れ物（タオルハンガー、コップ入れ、帽子掛けなど）の配置がバラバラだと、子どもがあちこちと動くことになり、ぶつかったり、途中でわからなくなったりします。ましてや、保育室で遊んでいる友達の中を横切って行き来することは、遊んでいる子どもの邪魔をしてしまいます。

逆に身支度しようとしていても、先に登園している友達が目の前でおもしろそうに遊んでいたら、誰でも気持ちが反れてしまうことは仕方がないことです。

保育者は「遊んでないで先に片づけて！」と注意をする前に、「生活の場」「遊びの場」のすみ分け

を行うなど、保育室環境をデザインすることが大事なのです。

子どもが登園してスムーズに身支度を済ませ、遊びへと自然に移動できるためには、子どもの動線を考えて生活と遊びの場を区分けするなど、保育室周辺の環境整備をしなければなりません。

たとえば、朝の準備が全員終了した段階で、昼間に使う場所に移動させる工夫も大切です。そのため、動かせる収納用具を使うことや、動かせる場の設定や工夫も環境をデザインするためには大切な視点となります。

動画スタート

ある朝の様子
実際はこんな感じです

２歳児の保育室前。３歳未満児は主に保護者の方が身支度をします。廊下ですべての身支度を済ませられるように環境を構成します。

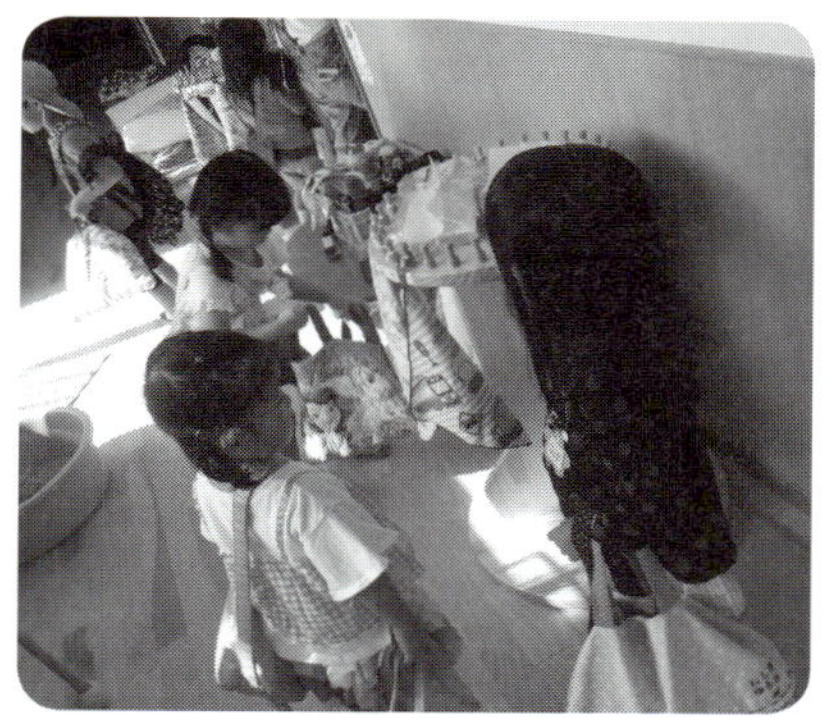

３歳児の朝の身支度の様子。廊下で近くに設置した帽子掛けやタオルハンガーに次々と手際よくかけていきます。

さあ、あそぼう！

廊下でタオルなどをかけて身支度ができたら保育室に入り、出席のシールを貼ります（４・５歳児）。

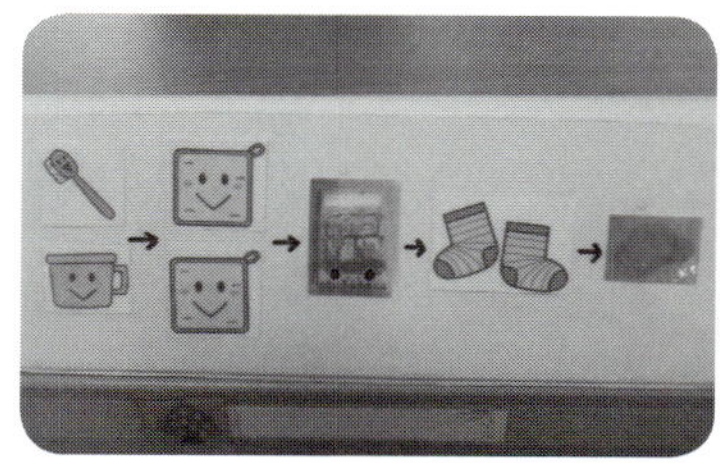

生活の手順をイラストにしてロッカーや準備する場所など、子どもたちの目に入りやすい場所に提示します。

Q43 なぜ朝の身支度の手順があるの？

私たち大人は朝起きて出勤するまで、毎日日替わりで食事と歯磨きの順番や、先に着替えるかどうか、化粧が先かどうかなどは変わることはほとんどなく、無意識に同じようなパターンで生活しています。それが毎日違ったら混乱したり不安になったりして、実際、何かを忘れてしまうことがあるかもしれません。そんな日は一日中、気持ちが落ち着かないでしょうし、今日はこれからしよう、あれからしようと日ごとに考えて動いていたら、時間がかかってしまいます。

子どもの朝の身支度（生活習慣）についても同じです。できるだけ効率よく短時間で効果的に身支度ができるようにと工夫し、繰り返すことが大切です。そのために、毎日同じ手順で、日によって変わることのない環境が必要となるのです。そうすることで、保育者の指示や命令は激減し、子ども自身がやり遂げた経験が積み重なっていくことになるのです。

保育環境は保育の質を示す大切なバロメーターです

社会福祉法人檸檬会（レイモンド保育園）　青木一永（あおき かずなが）

保育環境は、保育の質をみるバロメーターの1つと言えます。この章からは、「おもしろそう」「やってみたい」と子どもの心が動く保育環境や、やりたい遊びに集中できたり、見通しを持ったりできることの大切さが見えてきます。これらは、一人一人が遊び込めて、探究できる環境構成に向けたヒントと言えるでしょう。

保育室に入ったとき、「このクラスの保育はおもしろそうだぞ」「質が高そうだ」と感じることがあります。その保育環境から、子どもたちの間で盛り上がっている〝ブーム〟を見取るとき、熱中し探究する息遣いを感じるのです。たとえば、本棚には〝ブーム〟の本や図鑑が増えていたり、〝ブーム〟に関わるイキイキしたつくりかけの作品（遊びの軌跡）が目に飛び込んできたり、ドキュメンテーションが子どもの目の高さに掲示されていたり。これらは、整えられた保育環境というよりかは、子どもと保育者がともに作り上げている保育環境と言えるでしょう。

column
4

そういった環境は子どもたちの遊びや学びをさらに喚起するのです。

　幼保連携型認定こども園教育・保育要領解説では、「一つの活動に没頭して取り組むことができることも大切」であり、そのような「園児の活動が精選されるような環境の構成」の必要性が示されています。何かに没頭し探究する姿はまさに、主体性を育む保育と言えます。そのためには、保育環境が何を子どもに語りかけるのか、保育者としてどんな願いを環境に込めるのか。そうした先に子どもが探究できる保育環境が生まれてくると言えるでしょう。

第5章

保育者のあり方で大切なこと

なぜ保育者は大きな声を控えたほうがいいの？

保育者が大きな声で指示したり、大げさな声で褒めたりすることは、実は子どもにとって聞きづらい不快な環境です。保育者のテンションが高いと子どもにも伝染し、大きな声を出して同じようにテンションが高くなってしまいます。大きい声が飛び交う保育室では、落ち着くどころか逆にイライラして居づらい環境となってしまいます。特に支援を必要とする子どもには苦痛です。

また、保育者が子どもに用事があるのなら、緊急時以外は、たとえその用事が子どもに責任があることだとしても、大きな声で呼びつけるのではなく、保育者自身が子どものところに行って顔を見て話をするほうが結果として意図がよく伝わります。子どもに注意をするときは、ふだん以上に他の子どもに聞かれないよう十分に留意し、その子どものそばまで行って向き合い、話をすることが大切です。

大きな怒声は子どもにとって恐怖でしかなく、教育的意義はありません。何かを伝えないといけないときは、子どもの心にしっかり留められるように話かける（言葉を届ける）のが保育者の役目なのです。

保育者の立ち位置ってどうして大事なの？

子どもの前に立ってばかりいると、目の前の様子（現象）ばかりが目に入ってきてしまいます。すると、子どもが本当は何を見つめていて（心の眼で）、どうなりたいのか、どうしたいと思っているのか、願っているのか、その気持ちの先が見えなくなってしまいます。現象にばかり目が行ってしまうと「なぜ、そんなことするの？」「なぜ、できないの？」など、否定的に子どもをみてしまいがちで、本当の子どもの姿（願い）になかなか気づくことはできません。

また、子どもの側から見ると、いつも前に（気持ちの上でも）保育者がいる生活だと、子どもの物事の判断の尺度は〝保育者がどう思っているか・どうしてほしいと願っているか〟と、子どもなりに忖度してしまいます。そうすると、保育者の思い（願い）に子どもは一生懸命に応えることにエネルギーを注ぐことになってしまいます。それは、子どもから周りの世界や友達を見て考える力を奪ってしまい、主体的にかかわろうとする意欲もなくなってしまいます。

Q
46

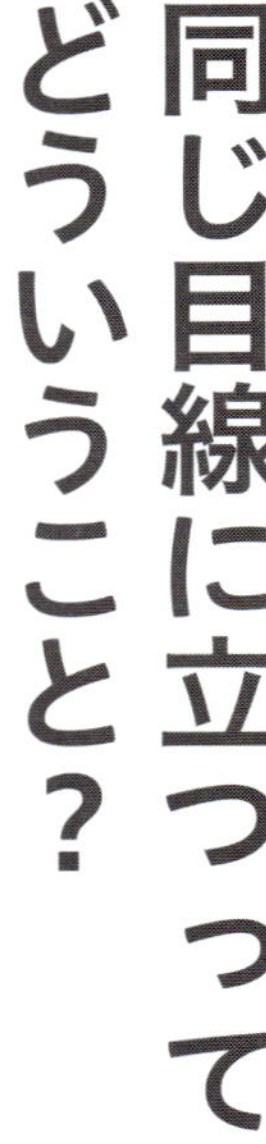
同じ目線に立ってって
どういうこと？

保育者は子どもと横並びやそっと後ろ側に立ち、目の前の子どもが、今、何を見つめ、どうなりたい、どうしたいと考えているのかを同じ目線で見ることが大事です。泣いたり、怒ったり、表面的にはマイナスだと思える子どもの行動にも、必ず意味があります。子どもの心はいつも前を向いて、「あんなふうになりたい」「こんなふうに大きくなりたい」と願いをもって育っていくものです。だからこそ、横に立ち（体だけでなく、心の横に立って）、ときには後ろ側からそっと、子どもが見つめる先（願い）を見ようとすることが大事です。これが保育者のまなざしだと言えるでしょう。

前に立ってばかりでは、子どもの現状しか見えなくなり、子どもの見つめる先にあるもの（願い）が見えにくくなってしまいます。そのときの保育者はまなざしではなく、目つきになってしまっているはずです。子どもの行為の意味を探ろうとするまなざしが、同じ目線に立つことにつながります。

保育者の立ち位置はどこ？

私たち保育者が、子どもに育ってほしい力とは、保育者にとってよい子ではなく、自分の生活に責任をもとうとし、自分自身で考え、よりよい方法を選択し行動する力です。

では、保育者の立ち位置（生活での立ち位置、子どもとの関係性）はどこにあるのでしょうか。

生活での立ち位置でみると、保育者が子どもの遊びや生活の中にひたり、そこで起こる喜怒哀楽を同じ生活者として感じる保育者であることが求められます。子どもの関係性でみると、保育者の言動が、子どもにとって決して絶対のものではなく、子どもからも多様な考えが出し合え、対話的な保育者が求められます。

年齢によって具体的にみていきましょう。

- **未満児↓安心・安全・心の支え**
- **３歳児↓遊び・環境・友だち・経験と出会わせ、接着剤となる**
- **４歳児↓ゆっくりじっくり物事に向き合う姿を見守り支える、子ども同士のかかわりの中の交通整理**
- **５歳児↓よき相談相手、考える・挑戦したい課題を投げかける**

かかわり方は違うけれど、保育者は生活の外側から子どもを見ているのではありません。園・クラスの生活をともに過ごし、子どもと保育者間で思いが行き来する存在なのです。保育者がこうした存在であれば、子どもは自分の存在を肯定的にとらえるようになります。「自分はこのことが好き」「自分はこれを今以上にもっとうまくなりたい」「自分はこれが得意」などが、すべての子どもに生まれるように、保育者はそれぞれの年齢に応じた、必要な存在となりたいものです。

ともに生活をつくるとはどういうこと？

もう かたづけてよ せんせい
ハイハイ

保育者主導でも、また、子どものやりたい放題でも生活はつくれません。どちらかの声だけが生かされるのではなく、互いの思いや考えを行き来させながら、よりよい生活を一緒につくっていく関係が大切です。たとえ3歳未満児であったとしても、保育者からも子どもに願いや考えを発信し、それに対し子どもが考え、自分でよりよい方向を見つけ出す過程をしっかり支えたいものです。

ときには、子どもの出した考えが間違っていることもあるかもしれません。それを頭ごなしに否定するのではなく、保育者も生活者の一人として思いを伝えながら、子ども自身がどんなふうに考え、答えを見つけていくかを見守っていきましょう。

人として許せない行動や結果を出そうとしたときには「それは、おかしい」と伝えなければなりません。そんなときでも、大人（保育者）から一方的に子どもに教え込むのではありません。

ともによりよい生活をつくっていく立場から互いの考えを出し合い、すり合わせる中で納得する方法を一緒に見つけていくことではないでしょうか。

生活をしていくうえで、どうしても必要なこと（命を守る訓練など）や、保育者しかできないこと（子どもにはできないこと・子どもからＳＯＳが出されたことなど）もたくさんあります。たとえ必要なこと、保育者しかできないことであっても、きちんと子どもにその意味や内容を言葉で伝え、子どもが納得してから行うことを心がけていきたいですね。

「主体性」と「自分本位」はどう違うの？

「主体性だけを尊重していたら、嫌なことは避けて好きなことしかしないのでは？」「主体性も大事だけど、決まりややらなければならないことはしなくてはいけない」「大人（保育者）の言うことはきちんと聞かせるべき」という声を聞くことがあります。

「主体性」とは好きなことだけする、嫌なことは避けて大人の話も聞きたくなかったら聞かなくてもいいということなのでしょうか？

そうではありません。「主体性」とは、生活や遊びの中で環境に自ら働きかけ、「もっとおもしろいものにしたい」「もっとよくしたい」と心を動かし、そのためにどうすればいいか、何をするべきかを自分自身で考えることです。ときには、「今はがまんしないといけないな」と考え直し、よりよい方向に向かって自分で選択し、行動する姿勢や力をいいます。

ただ単に、自分の思い通りに行動することは「自分本位」であって主体性とは言いません。「主体性」とは、自分の生活や遊びに責任が持てることです。人に言われるからすることではありません。ですから、自分も周りの人も、誰にとってもよりいいと思う生活をつくり出すことにもつながります。２０１８年度の幼稚園教育要領や保育所保育指針の改訂（定）で明らかにされた「幼児期の終わりまでに育ってほしい姿」＊の中にも「自らの必要感」「自分のやりたいこと」「主体的に関わり」など主体性を大切にする考え方が溶け込んでいます。「主体性」を育てることは、幼児期に求められる資質・能力を育むことになるのです。

主体性が育った子どもは、自分だけでなく、周りの人たちにとってもよい社会をつくりたいと願います。子どもは、自分だけでなく、周りの友達とも一緒に考え、意見を求めようとします。このようにして、「友達とかかわる中で、互いの思いや考えなどを共有し、共通の目的の実現に向けて、考えたり、工夫したり、協力したりし、充実感をもってやり遂げるようになり」（幼児期の終わりまでに育ってほしい姿　協同性より引用）、かかわり合う力が育ってきます。

＊「幼児期の終わりまでに育ってほしい姿」は、5領域の内容等をふまえ、特に5歳児の後半にねらいを達成するために、幼児が身につけていくことが望まれるものを抽出したものです。幼児の自発的な活動としての遊びを通して、これらの姿が総合的に育っていくことに注意しましょう。

主体性って、保育者は何も言えないの？

「子どもが主体だから、保育者は指示したり、止めたりしたらだめなの？」

これは自分本位
あら、お手伝いしてくれるの？うれしー!!
えいっ
うんしょうんしょ

主体性を育てる保育の話になるとそんな質問がよく聞かれます。また、「どこまで任せていいのか、どこまで言っていいのかわからない」という悩みもよく耳にします。「主体性」とは、子どもの言いなりになることでも、子どもに好き放題やらせるということではありません。先ほどもお話ししましたが、主体性とは自分本位と全く違うものです。

どうすればいいか、何をするべきかを自分自身で考え、よりよい方向に向かってするべき行動や方法を自分で選択し行動にうつしていく姿勢や力をいいます。そのような力は、保育者がただ見守っているだけでは育つはずがありません。

保育者は、子どもに、自分で考え、よりよい方向に向かって周りの人や物事にかかわっていく力を育てたいという願いをしっかりもつことが大切です。その信念をぶれないように、絶えず自分自身のあり方を問い続け、子どもと生活をつくっていくことを心がけましょう。

ともに生活をつくる存在だからこそ、人として許せないことや方向を間違えそうになったときは、保育者は子どもにそのことを注意し、一緒に考えます。子どもの生活や遊びが停滞したときは、子どもが次に進んでいけるように、保育者の思いや考えを提案してみることも必要です。子どもが全く前に進めないときには、教えることもためらわず行うことがあるかもしれません。

保育者側の意図に強引に導くことや、保育者の答えに沿わざるをえない状況に誘導することは、もちろん保育者の役割ではありません。保育者は子どもと生活をともにつくっていく存在です。

保育者自身の考えや思いを言うことは決して悪いことではなく、ときには真剣に願いを語ることも必要なのです。

子どもに寄り添うとは子どもが向かう先をともにすること

岡崎女子大学　矢藤(やとう)　誠慈郎(せいじろう)

「子どもに寄り添う」とはどういうことなのでしょうか。「養護」と「教育」という、保育を構成する2つの観点から考えてみましょう。

「養護」とは「生命の保持」（身体の安全や安定）と、「情緒の安定」（心の安全や安定）から成ります。子どもの安全を確保することが保育の大前提です。眠っている0歳児の呼吸をチェックしたり、園庭の小山に初めて登ろうとする2歳児の足取りをそばで見守ったりといったこともそうした保育者の姿です。また、あたたかく穏やかで肯定的な保育者の姿が、子どもの気持ちを安全に守り、安定させます。ありのままの自分が受け入れられていれば、保育者の機嫌を気遣ったりすることなく、自らの興味や関心を、安心して言葉や姿で表現してくれます。情緒の安定が、子どもが主体性を発揮する基盤となるのです。

「教育」とは発達の援助です。それは子どもを思い通りに動かすこと＝支配で

column
5

はなく、子どもが向かう先を子どもに寄り添って探り、その方向への育ちが豊かになるよう支えることです。たとえば子どもに向かい合うよりも子どものそばにいて同じ方向を見てみるといったささやかな工夫から、援助へのヒントが見つかります。また、「どうしてかな」「ほんとだね、どうしてかな」と子どもの興味や関心が表現された言葉をそのまま繰り返してみたり、「これ、どうしたらいいかな」と、正解を言わせるのでなくともに考えるスタンスで問いかけてみたりして、子どもが自ら考える機会をつくることです。

子どもの一つ一つの言葉や表情をスルーしないで丁寧に拾い、子どもが向かう先に心を向けて、この子はこれからどうするかなと期待を持ってそばにいることをおすすめします。

第6章

行事で大切なこと

園生活の中の行事ってなに？

運動会にしても発表会にしても、一年のうちで、たったの一日行われるのが行事です。行事は子ども（特に4歳児や5歳児）にとっては、さまざまな力を育てる機会であり、精神的にも大きく成長する重要な保育の取り組みであることは間違いありません。

行事そのもの（成功させること）だけが大事なのではなく、その過程での子どものさまざまな挑戦や葛藤、それを友達の力も借りながら乗り越えていくという道筋が重要です

「こんなふうにしたい」「こんなことをやりたい」「こんなところをお家の人に見てもらいたい」と子ども自身が考えられること、子ども自身でつくっていこうと思えること。そして、それが実際に子ども自身の手で試行錯誤し、考えを巡らせながら、じっくりとつくりあげられてこそ、日常の保育に根づいた行事だと言えます。

すべての行事は、当日も含め、それまでの子どもの姿（過程）やその後の成長（発展・広がり・深まり）を線でとらえて、切れ目なく見ていってこそ本当の値打ちがあるのです。行事はまさに子どもの生活そのものなのです。

子どもが主体の行事ってどんなもの？

A

　運動会を例にあげてみましょう。運動あそびは運動会に関係なく、子どもの体づくりや心の育ち、脳の発達にとても重要な取り組みで、保育の一環として一年を通して子どもの生活や遊びに溶け込んでいるものです。何か一つの競技を集中して訓練するというものではありません。

　子どもが毎日の生活の中で「うんていができるようになりたい！」「なわとび、１００回とびたい！」など、誰かにあこがれをもったり、やりたいと思ったりすることで繰り返し挑戦する自発的な活動であるはずです。

園庭や室内にあるいろいろな環境にかかわりながら遊び、挑戦する中で全身活動をし、筋力はもちろん、しなやかさや体幹も含め、身体全体が育っていくのです。

一人一人の子どもが、毎日の生活の中で自分ががんばっていること、できたことを保育者や友達だけではなく、家族にも見てほしいと願うは当然のことです。その機会として行事があるのです。

「これをしよう！」「これを見てもらおう！」と行事が子どもの刺激となり、さらに豊かな生活が繰り広げられていきます。行事は子どもの生活からかけ離れたものではなく、ふだんの生活の延長線上にあるものです。

保育者は、こうした子どもの主体的な遊びを日頃から支えながら、「ああでもない、こうでもない」と子どもと一緒に行事をつくっていくのです。

それが、子ども主体の行事なのではないでしょうか。

保育者の役割は？

保育環境の中に、いつでも、どれからでも子どもが「やってみたい」と心を動かせ、繰り返し挑戦できる、そんな環境があることが大事であることはこれまでもお話ししてきました。

単に遊具があるというだけでなく、年齢も身体的能力にも違いがある子ども一人一人が「自分は、これ！」と思える目標がもてることが必要です。

そのためには、どの子どもにも〝めやす〟をわかりやすく視覚で確認できるように環境を構成することが有効です。たとえば、いろいろな難易度の技を絵図にして鉄棒のところに掲示したり、うんていに番号札をつけて、どこまで行けたか、どこまでがんばるかがわかるようにしたりすることです。また、一人一人に「ちょうせんカード」をつくることで、目標と達成感が実感できるように援助することも、子どものがんばりを支える取り組みです。これは、「ここまでしなさい」「ここまでは全員がやりましょう」ということではありません。子どもそれぞれが、苦手なことにも「がんばってみよう」と思える小さな段階を用意することが大切なのです。

友達に刺激を受け、友達に支えられ、支えながら目標達成する姿を支えることが保育者の役割ではないでしょうか。

運動会以外の行事であっても、保育者は一人一人の「こうなりたい！」「こんなふうにやってみたい！」という心の声に耳を澄ませましょう。誰でも、どこからでも、どんなふうにでも、かかわっていける環境や援助を用意することができるはずです。その中でコツコツと取り組む子どもを支え続けることが大事なのです。

行事になると、保育者が演技や競技、内容などの案を考え、子どもに教え、やらせる園があるかもしれません。

行事を通して子どもを育てる観点に立ち、子どもが自ら考え、誰にとってもいい行事をつくっていく姿勢を、保育者はもち続けたいものです。

ちょうせんカード。一人一人、自分ががんばりたいこと、挑戦したいことから取り組み、「できた！」と思ったら保育者にハンコをもらいます。

■運動会

万国旗をあげない運動会もありじゃやない？

子どもや保護者が、ふだんから一緒に体を動かして遊ぶ機会はなかなかありません。こうした現状から、交流を目的としたスポーツフェスティバル的な運動会を一日限りのイベントとして楽しむものなら、それはそれで十分意義のある時間だと思います。

しかし、運動会を、保育の延長線上にあるものと考えるのであるなら、運動会は特別のものではありません。その一日だけ、お祭りのように万国旗が空高く風に揺らいでいたら、不自然な感じがしませんか？中には、ふだんと違う様子に戸惑い、いつものように運動遊びを楽しむことができなくなってしまう子どもも出てくるのではないでしょうか。

特に支援を必要とする子どもにとって、旗が風に揺らめき、光がチラチラする様に気がとられてしまい、運動遊びどころではなくなってしまいます。生活の延長線上ととらえ、できるだけいつもの環境の中で、いつものように活動できるようにしたいという願いから、万国旗を見直すことがあってもよいのではないでしょうか。運動会とは、子どもの生活なのですから。

子どもにとって運動会の〝旗〟とは？

それでも「何を言っているんだ、運動会に旗はつきものだ！」とおっしゃる方もいらっしゃるでしょうね。

運動会に向けての生活の過程で、「運動会、もうすぐだね」「旗があったらいいよね」など、万国旗を子どもの目が届く場所に飾ったり、子どもがつくった旗を飾ったりすることもあるでしょう。中には、友達を応援したい、そのために応援旗をつくるという子どもも出てくるでしょう。子ども自身が思いを込めてつくった旗は、保育者が運動会の雰囲気づくりのためだけに用意した旗とは全く意味が違ってきます。

個人の旗であったり、クラスの旗であったり、年齢や個々の子どものつくる旗は十人十色です。それぞれが運動会に向けた生活の中で、運動会への思いや願いを込めた旗をつくっている子どもはたくさんいるはずです。それが子どもにとっての運動会の〝旗〟ではないでしょうか。

ＢＧＭが流れなくても いいんじゃないでしょうか？

保育者の生の声は子どもにとって温かく、心地よいものです。それが「マイク」という機械を通すことで、その柔らかさが失われてしまいます。さらに、大音量のＢＧＭは、旗と同様でふだんの生活との違いに戸惑い、支援を必要とする子どもはもちろん、気持ちがしんどくなって逃げだしたくなる子どももいるはずです。特に大人は、運動会に特定のイメージを強烈に抱いてしまい、これもまた旗と同様に、にぎやかしにＢＧＭはなくてはならないものと決め込んでいます。

運動会は子どもの生活なのです。大音響のＢＧＭよりも、「〇〇ちゃん、がんばれー！」「〇〇ぐみ　がんばれー！」という友達に送る子どもの声援を大事にしたくはないですか？子どもにはできる限り保育者の生の声で、リズムなど必要な場合以外はＣＤのＢＧＭは避けて、日常の保育を意識してみてはいかがでしょうか。

入場門はどうしたらいいの？

旗やBGMと同じように、運動会の入退場門はふだんの生活の中にはなく、特に支援を必要とする

子どもにとっては環境の違いに戸惑ってしまうものです。また、入退場門があることで、いつもの園庭が非日常空間になってしまい、みんなに注目されることが苦手な子どもは非常に緊張度が高まり、門から先の園庭に出ていけなくなることも実際よくある話です。

いつものように、自分の場所から園庭に飛び出していける…ふだんとできる限り同じ形で子どもがいきいきと活動できることは、すべての子どもが気持ちよく参加できる運動会になるはずです。

笛もラインもいらない？

笛の合図で動く、ラインに沿って歩く、ラインの印に沿って隊形をつくる…その方が見た目はきれいにそろうかもしれません。しかし、子どもの目線に立ったらどうでしょうか。

保育者がいつ笛を吹くかに子どもは集中します。笛が鳴ると同時に、決められた動きを反射的に行います。友達との間隔や全体を見て動くのではなく、地面に引かれたラインや印にしがって動くだけになってしまいます。つまり、子ども自身が考えることをやめ、笛やラインなどの指示にしたがうだけになってしまうのです。

運動遊びやリズムで子どもに育てたいというねらい（しなやかに体全体を動かしてさまざまな運動遊び・リズムを楽しみ、身体感覚・能力や空間認識を育てるなど）とはかけ離れたものになってしまいます。

自分の耳でしっかり音楽を聴き、メロディーやリズムに合わせて体をしなやかに動かすことを楽しみたいものです。前を向いてしっかり手足を使って歩いたり走ったり、自分と周りの人との距離感や全体の空間感覚を意識するなど、子ども自身が考える機会を奪ってほしくないのです。

■作品展

「作品展」と「あそび展」ってどう違うの？

「作品展」も「あそび展」も呼び方・名前が違うだけで、本来は子どもが表現したいと願い表現したものを保護者や地域の方にも見ていただく機会です。ただし、子どもにとってそれは表現＝遊びそのものでなければなりません。

子どもの表現は、きれいに仕上がったものもあれば、どんどん発展していくものもあります。たとえ作品展の最中であっても「もっとやりたい」「続きをしたい」と思うなら、その場でつくり変えたり、つけ足したりしていけることが大切です。子どもが自分たちの表現をもっとよくしたいと思っても「作品展中だから、触ってはいけない」では子どもの遊びではなくなってしまいます。だから、「作品展」よりも「あそび展」の方がしっくりきませんか。

「あそび展」という名前ですと、何かをつくるということだけではなく、ダンスであったり劇あそびであったり、その表現の方法はさまざまなものが出てきます。一人一人の表現＝遊びを保護者の方に披露できる「あそび展」は、子どものそのままの生活を届けることができそうです。

「あそび展」の会場は、子どもがふだんから活動しているその場所が最適であり、ときには保育室であったり、保育室前の広場であったりすることもあるでしょう。作品として飾れないダンスや人形劇などの表現活動は、その様子を画像や映像に撮って視聴してもらえるように工夫することも必要です。そして、一つ一つ飾られている子どもの表現（画像も含め）に、その表現が生まれ遊び込まれてきた過程や、子どものつぶやきなども説明書きにして添えるのも、背景や子どもの思いに触れられて楽しいですね。

作品ってどうやってつくっていくの？

作品展をあそび展ととらえるなら、特別に作品展用に何かをつくらせるということにはならないはずです。

子どもが心動かし、誰かに伝えたい、知らせたい、表現したいという毎日が園の生活なのですから、子どもの表現はいつもいろいろな場面で生まれているはずです。

こんなことがありました。園の畑のひまわりの花が一斉に咲き始めたある夏の日のことです。「先生、ひまわりの絵を描きたいから、絵の具を出して」と5歳児がやってきました。担任はすぐに黄、茶、緑の3色を準備し、もって行ったのですが、

「先生、色が足りないよ。ほら…」

と咲いているひまわりの花びらを指さし、黄色でもオレンジがかっていたり、白っぽかったりと色の違いがあると訴えました。あわてて白やオレンジ、黄緑など数色を出すと、満足そうに子どもたちは画板を外へもち出し、画用紙いっぱいにひまわりの絵を描きはじめました。

そんな毎日の生活の中にある子どもの〝遊び〟をどのように大切に飾るか、続きをしたいときに続きができるようにするにはどう展示したらいいかを、園全体で考えることが大事になります。

５歳児になると先を見通して活動しようとします。そこで、クラスのカレンダーに「３月３日におに雛祭りをするから、３月１日までに人形を作って飾る」など、「〇〇日までに△△を仕上げる」という期限をつくっておきます。すると、「〇〇日までにはまだあるから、明日、続きをつくろう」とか「明日には必要だし、今日は仕上げるぞ」など、自分なりに活動の見通しをもってつくったり、どんなふうにつくろうか、準備したり考えたりすることができます。

もちろん、その期限も保育者の都合で勝手に決めるのではありません。子どもと一緒に考え、子どもが納得しなければなりません。

いつでもできる環境がある、自分で時間の調整ができるなど、自分で考えてつくっていけるように環境整備や時間の保障をすることも、大切な保育者の役割です。

■生活発表会

何をしたらいいの？

「生活発表会」や「お楽しみ会」などいろいろな呼び方がありますね。どれも、一年間の子どもの成長を、保護者や地域の方々に見ていただく場であることに変わりはありません。園生活の中で自分たちががんばってきたこと、自分が一番好きなこと・得意なことを見てもらいたいという子どもの願いを、どれだけわかりやすくそのまま伝えられるかが一番大切です。

５歳児になると、子どもたち自身で「発表会」という行事を企画から取り組む〝プロジェクト〟を立ち上げるだけの力も育ってきます。「○○してみよう・したい」と集まった数人で企画・準備・練習・道具つくりなど、それぞれのグループで子どもは力を発揮します。保育者は、「発表会」を「大きくなった自分」を家族と一緒に喜び合える場としてとらえ、子どもの「見せたい」「見てもらいたい」を一緒に考えて支えていくことが大事です。

そのためにも、日々の保育の中で一人一人の「○○したい」(願い)を実現できる毎日を積み重ねることが基本にあることは、他の行事でも同じです。さらに、運動会同様、早い時期から子どもと「○○月△△日は発表会だよ」など保育者とともに見通しをもつことが必要です。

練習はどうするの？

「○○月△△日に発表会」とわかることで、子どもは「こんなことを見てもらおう！（見てもらいたい）」と目的をもって活動し始めます。得意なこと、好きなことから始まり、さらにもっとうまくなりたい、できるようになりたいと自ら練習を重ねていきます。

毎日の生活のどの時間でどのようにするか、子どもそれぞれが考えます。また、園だけでなく家庭でも取り組む子どももいます。子ども一人一人が納得するまで挑戦していく姿があちこちで見られるようになります。

ある5歳児が、グループで練習をしようと相談を始めました。

「9時になったら遊戯室でしょうか？」

「だったら、かばんとか早くして、私が道具を運ぶわ！」

いつ・どこで・何からするかを互いに調整し合い、申し合わせて計画を立てています。発表会まで、いつ、どんなふうに進めるかを自分たちで考え、自分たちで計画的に練習を進めていきます。保育者が前に立って引っ張るのではなく、子どもの姿を見守りながら、必要なときに必要なアドバイスや援助ができるようにすることが大事なのは言うまでもありません。ときには、発表会の出演者として、保育者が劇や踊りに加わることがでてくるかもしれませんね。

見た目の美しさよりも子どもの瞳が輝くように

岐阜聖徳学園大学　西川(にしかわ)　正晃(まさあき)

園生活における行事は、子どもたちにとってとても楽しみな活動の1つです。ところが、行事が終わると、子どもはもちろん、保育者さえも疲労感を感じ、「やっと行事が終わった」とため息交じりに言葉に出すことが少なくありません。なぜこんなことが起こるのでしょうか。

その1つに、行事に向けて、演技や競技などを完成させなければならないという、保育者特有の使命感があるのではないでしょうか。完成するというのは、子どもたちの思いというよりも、保護者の思いや地域が期待する「見た目」が重視されているように感じます。本来の行事の意味は、行事の存在から刺激を受け、ふだんの遊びをより活性化していくものであるはずです。保育所保育指針解説には「行事等と日常の保育のつながりに配慮することが重要」「日常の保育と関連付けながら、柔軟な保育を行うことが大切である」とあり、幼稚園教育要領解説には「行事の指導に当たっ

column 6

ては、幼稚園生活の自然の流れのなかで生活に変化や潤いを与え、幼児が主体的に楽しく活動できるようにすること」「幼児の負担にならないようにすること」と書かれています。日常の保育の連続性のなかで位置づけられ、主体的な活動であることが明記されています。短期的な結果主義に陥る行事は、ふだんの保育とはかけ離れたものにしかならないのです。

　見た目の美しさや、統一感にとらわれるのではなく、行事に向かって、子どもや保育者がどれだけ目を輝かせ、その過程を楽しむことができるかが大切なのです。また、こうした過程が乳幼児期でどれだけ大切な意義があるのか、地域や保護者に、ドキュメンテーションや園だよりなどを活用し、常に発信していくことも忘れてはなりません。

第7章

特別支援教育で大切なこと

みんなといつも一緒じゃないとだめなの？

みんなと一緒にいることが大事なのではなく、クラスの中に居心地のいい場所があり、ここが安心できると感じられる場所になることが大事なのではないでしょうか。支援を要する子どもは、すぐに環境に慣れにくいかもしれませんが、いつも自分のそばに保育者が一緒にいてくれることで、少しずつその保育者を支えに自分のクラスが居心地のいい安心できる場所になるのです。

　クラスの中に好きな場所やお気に入りの遊びがあるか、また、その遊びに落ち着いて取り組める空間（場所）になっているかなど、保育室環境を子どもの目線で見直してみることを心がけましょう。もし保育室以外にお気に入りの場所があるなら、何がその子にとって魅力があるのかを同じ目線に立って見つめてみると、何かが見えてくるはずです。

保育室に同じものを用意したからと言って、すぐに保育室がお気に入りの場所になるわけでもありません。物だけでなく、空気感や周りの人との関係などいろいろな要素が絡み合って〝その場所〟がお気に入りなのです。

だから、みんなと一緒にいることに保育者がこだわるのではなく、少しずつ自分のクラスが安心の場になるよう、じっくりと向き合いましょう。

保育者が橋渡しとなれるように、子どもの遊びにひたることが何より大切です。それが、保育室に居心地のいい場所づくりをすることにつながっていくのです。

みんなと離れて行動してもいいの？

「本人の気持ちが向くまで、みんなとずっと離れていていいの？」……悩んでしまいますね。

時間はかかっても、クラスの中に自分の居場所を見つけてほしいと願います。自分のクラスが安心の場になってほしいという保育者の願いは大切です。少しずつ周りの友達とつながっていくには、子どもの動きを後から追うようなかかわりではなく、横並びの位置で一緒に行動することがまず大事なのではないでしょうか。そしてときには向き合って「○○だから△△しようね」とはっきりとわかりやすく、丁寧に言葉をかけていきます。

決して無理矢理にではありません。必要なことはきちんと真正面から顔を見て伝えていきましょう。危険なことや生活上必要なことはきっぱりと「だめなんだよ」と伝えることも大切です。

そして、それぞれの発達状況に応じた一番わかりやすい方法で、本人が納得できるように「もう一回したらいこうね」など、自分で切りがつけられるように回数を提示したり、どうしたら（どこまでしたら）戻ることができるか子どもと相談したりしていくことが大事なのです。まだ、言葉が出ていない段階であっても、保育者は必ず言葉で必要なこと、してほしいことを子どもに具体的に伝えてから行動することが重要です。

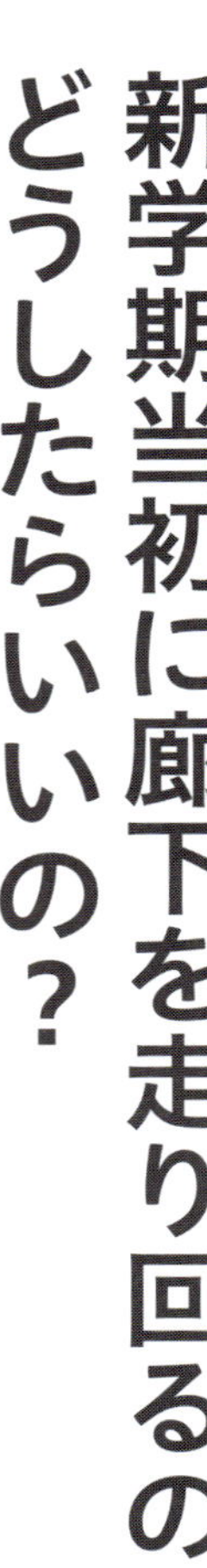

新学期当初に廊下を走り回るのはどうしたらいいの？

年度当初

その後

どーなつ

新学期当初に子どもが走り回るのにはそれなりの理由があります。新しい環境になじむのに、時間がかかってしまう子どもならば、まずは安心の拠点になれるよう、担当保育者は丁寧につき合うことから始めましょう。子どもの目線でもの事が見えてくると、子どもの行為の意味が見えてくるものです。走り回る子ども…走りながら何を楽しんでいるのかを探ってみましょう。「走らないで！」と否定するのではなく、「何が楽しいのかな？」と子どもの目線に立つと、見えてくることがあります。保育者がまず一緒に楽しんでみることが大事なのです。その楽しいことを今度は保育室の中で実現できないかを、試行錯誤をくり返していきましょう。あせらず、まずは「この先生は自分の気持ちをわかってくれる」。そんな安心の拠点になることから始めていきましょう。

加配の保育者は何をするの？

A

子どもが安心して生活できるために、時間をかけてゆっくりとともに行動します。クラスには主担任がいて、本人にとってもクラスの先生ではあるけれど、不安なとき、困ったときにすぐにＳＯＳが出せる存在が加配の保育者なのです。

加配の保育者はそんな子どものＳＯＳを見逃さず、わかりやすく伝えなおし、困っていることを一緒に解消していく安心できる存在です。そして、少しずつクラスの中に居心地よさを感じられるよう、主担任とともに環境や保育のあり方を探り、周りの子どもとのつながりがもてるよう橋渡しになっていくことに努めましょう。

子どもの遊びや行動を一緒に楽しんだり、楽しんでいることを保育者側からさらに提供したりしていくのです。子どもの後ろからついていく、見守るだけの保育ではなく、一緒に遊びきることが肝心です。その中で信頼が生まれ、保育者は安心の存在になっていくはずです。そんな関係ができたら初めて子どもは心を開いてくれ、「この先生ならいい」と思ってくれるようになるのです。

関係ができてきたら、今度は「こんな力も育ってほしい」という願いのもと、さまざまな遊びを提案し、ときには「これだけしたら、もう、お部屋に戻ろうね」など〝交渉〟していくこともあるでしょう。その積み重ねで、自分でできることが増えてくるのです。

加配の保育者は、丁寧で根気よく、しっかり願いをもってかかわって、一人一人の発達課題を見極め(園全体で協議し合いながら)、子どもに必要な環境を整え、援助の方法を工夫していくことが大事です。

クラスの主担任はどうするの？

A

主担任は、たとえ支援児に加配の保育者がいるとしても、大切なクラスの一人として、ともに育っていけるクラス運営を考えていきます。

加配の保育者に任せっぱなしになるのではなく、周り子どもも含め、クラス集団としてともに育つ学級運営はもちろん、支援児の保育についても主担任として責任をもって考えていくことが必要です。加配の保育者とともに、支援児を含めたクラスづくり、一人一人の育ちを支える保育や仲間づくりについて協議を重ね、共通の認識のもとで連携しながらともに保育にあたることが大切なのです。

たとえば、クラスの会が始まるのに保育室から担当児が飛び出してしまい、なかなか保育室に戻れないと加配の保育者としては焦ってしまうものです。そんなとき、加配の保育者がじっくりと子どもにかかわれるように、保育の動きについて主担任とたえず話し合いをすることが大事です。

たとえば、「無理強いして保育室に戻さなくていい」「クラスの大事な話のときは他の子どもたちに相談したり声掛けをしたりしてみる」「クラスの話し合う声が聞こえる場所に居心地のよいコーナーをつくり、そこで落ち着いたり、関心が向いたら戻ってくるようにする」などです。

さらにクラスにはいつでも担当児の戻れる居場所があり、周りの子どもも戻ってきた友達を自然に受け入れられるように、みんながクラスの仲間と思えるようにしていきます。そのためには、ふだんからの保育者同士の協同的なかかわりが求められます。

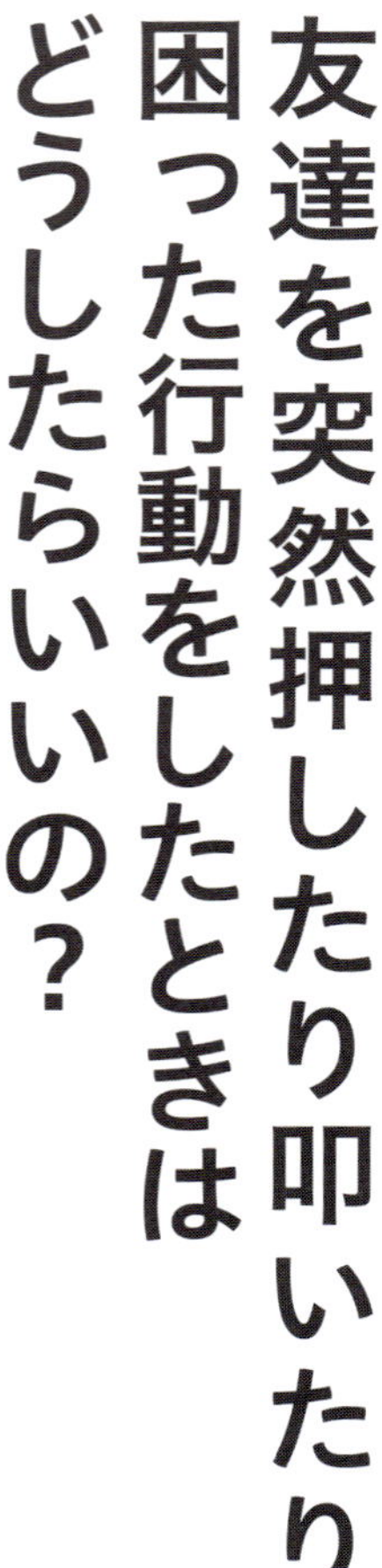

Q68 友達を突然押したり叩いたり、困った行動をしたときはどうしたらいいの？

A

周りの者から見たら「何も理由がないのに……」「急に……」と思うことも、本人からすると訳があるはずです。

たとえば、近寄ったら急に押したり叩いたりすることです。大抵の人は、人が近づいてくることが何となくわかるものですが、そうではない人もいるのです。本人には近づいてくる人の存在が、周りの景色と区別してとらえられなくて、すぐ近くまで来て初めて、何かが急に視界に入ってきたことになります。急に目の前に人がいたら、誰でも驚くのは当然です。そう考えたら、驚いて払いのけようと押したり叩いたりといった行動が出てしまうのも納得できます。

だからと言って、叩いても仕方がないというのではありません。保育者は、驚かなくてすむように、本人に気づくような言葉をかけたり、また、危険を察知して早めにぶつからないようにしたりすることが必要です。叩いて（押して）避けることがあたりまえになってしまわないように、避けられる方法を模索し、本人にわかるようにそのつど伝えていくことが大事なのです。

また、本人にも周りの人にも困る行為は、（たとえば、友達に引っつきすぎる、友達の顔を触り続けるなど）やり始めたときから、きちんと「だめなんだよ」ときっぱりわかりやすく伝えていきましょう。大きくなってからその行動がおさまるとは限りません。そうなったら、周りの人に迷惑になるだけでなく、本人も社会の中で暮らしにくくなるかもしれません。

大人になって困ることは、そういう行為をするたびに「だめなんだよ」と小さいときから言い続けてあげることが必要です。もちろん、子どもが納得できる話し方を、保育者は常に心がけなければなりません。

Q69 集会や行事などみんなと一緒に参加してほしいときはどうしたらいいの？

遊戯室前のほっこりスペース。さまざまな場面で、いろいろな子どもがほっこりと遊びにやってきます。写真は0歳児です。

その日の調子や支援の状況にも違いがありますから、「入れなければならない」「入らなくていい」の二者択一で考えると苦しくなってしまいます。本人が「おもしろそう」と思ったときに、その中に入っていけることをまずは保障していきましょう。

集会や行事には入れなくても、その様子が耳に入ったり見えたりする場所（遊戯室のすぐそば）に〝ほっこりスペース〟をつくるなど、子どもが安心していられる場をつくっておくことも環境の工夫として考えられます。そこで過ごしながら、自分の好きな歌が聞こえてきて、気持ちが向いたときにはその行事の場へ入っていけるようにするのです。もちろん、加配保育者などが、子どもが安心できるようそばで一緒に過ごすことは大切な援助です。

そんな安心の基地（場・人）があることで少しずつ集会や行事にも関心をもてるようになるのではないでしょうか。また、好きなおもちゃなどお気に入りのものがあったら、落ち着いて集団の中に入れる場合もあります。そのときには〝お気に入りのもの〟を心の支えにもたせてあげることもいいのではないでしょうか。

苦手なことをさせなくていいの？

無理強いすることは絶対避けたいことです。とはいえ、苦手だからといって全くかかわらなくていいのかというと、それもまた違います。その事象とどのように出会わせていくかを考えてみてはいかがでしょうか。好きなことやお気に入りのことを取り入れながら、苦手なことにも触れる機会をつくります。

「この先生とならやってみようかな」という関係を支えにして、

まずは保育者がその活動を楽しんでいるのをそばで見て、保育者から誘われたりする中で、少しずつ慣れていけるようになるのではないでしょうか。

「しかられた」「できなかった」という経験ではなく、保育者の支援を受けながらも「できた」「楽しかった」という成功体験が子どもの次に踏み出す一歩となるのです。あせらず丁寧に、子どもと向き合っていきましょう。

保護者との関係づくりは？

「なぜみんなと同じようにできないの？」

「みんなと同じようにできるようにしてほしい」

保護者の中には、不安でいっぱいの方、要求を強く出される方、また、子どもの状況を受け入れられずに戸惑うなどさまざまな方がいます。

わが子を思う気持ち、それゆえに不安な気持ち、親としてできることをできる限りしたいという思いは誰もが同じです。まずは、保護者の不安な思いや声に真摯に耳を傾け、共感することが大事です。保育者は、困ったこと、できないこと伝えるのではなく、子どもがどんなことに興味を示し、どんなことを楽しんでいたかを伝えることを心がけましょう。その中で、これをがんばってみよう、こんなふうにかかわってみようと思うことなど、園で取り組んでいこうと考えていることを伝えていきます。保護者が保育者に困っていることや悩みを話せるようになったら、家庭だけでなく、園と両輪でできること、また、家庭でも簡単に継続してできることを一緒に考え探っていくようにしましょう。それには、まず、どれだけ子どもといっぱい遊び、どれだけ子どもの気持ちに寄り添うことができるか、日々の園での取り組みが何よりも大切になってきます。

子どもを変えるのではなく保育者が変わることの大切さ

国立特別支援教育総合研究所　久保山茂樹（くぼやま しげき）

第7章を読むと2つの大切なことに気づかされます。

1つは「○○障害」という言葉が一度も登場しないということです。障害名はその子を知る上で重要です。でも、障害はその子の一部でしかありません。障害名を知れば、その子のすべてがわかるというものでもありません。同じ障害名でも一人ひとりの子どもは全く異なった存在です。

この章のQに書かれた子どもの姿を見てみましょう。これらは、どの子どもにもありうることです。「○○障害児だからこう」ではなく、ひとりの子どもとして「○○さんが、○○なときは」と考えるようにしたいですね。

そのように考えるときに大切なのが、2つ目である子どもの心もちを想像するということです。この章では、大人からすると困った行動がいくつもあげられています。特別支援教育の考え方のなかには応用行動分析と言って、行動そのものに着目して、その行動を減らすはたらきかけをするも

column 7

のがあります。もちろん有効なときもあります。
　でも、保育者には、子どもの行動を変えるのではなく心もちを想像して、困っている理由を探る力がもともとあると思うのです。理由がわかれば、関わりを考えることができます。
　困った行動の理由は、簡単には探り当てられないかもしれません。想像しては関わってみることを何度もくりかえすなかで、ようやく見つかるのかもしれません。苦しいことです。でも、こうした経験をすることで、知らず知らずのうち保育者としての力量が高まっているのではないでしょうか。
　子どもを変えることは難しいです。でも、保育者が変わることならできるかもしれません。保育者が変わるという視点でもう一度この章を読んでみませんか。

第8章

園内研修で大切なこと

ドキュメンテーションってどうやってつくるの？

ドキュメンテーションの制作風景。子どもの姿を思い浮かべながら写真を並べていきます（74ページを参照）。

A

「すごい！」「おもしろい！」……保育者自身が子どもの姿に心動かされたその瞬間に、カメラのシャッターを切ります。子どもが遊びに夢中になっている姿、果敢に挑戦する姿、何度も何度も繰り返し試す姿など、子どもが周りの環境にいきいきとかかわっていく様子を記録として写真に収めていきます。保育者自身が、誰か（同僚・保護者・子ども）に伝えたいことを、心が動いたそのときを逃さず、写真とコメントで表現していくのが

「ドキュメンテーション」です。

たとえ1枚の写真でも、そこにある子どもの遊ぶ息遣いや何を考え、何を学んでいるのかが伝わります。何より、保育者自身が心を動かされたことは何なのかを、言葉で伝えることができます。

「今日は○○をして遊んで充実した時間でした」と連絡帳に書いているならば、その様子を写真で知らせることからまず始めてみましょう。

次に、毎日の生活の中で子どもが今何に心を動かされ、活動し続けているのか、そして保育者はそこにどんな学びがあるととらえるのかを言葉で伝えていくようにします。そうしてできあがったドキュメンテーションは、子どもの「学びの物語」（ラーニング・ストーリー）として紡がれていくのです。

保育者自身が子どものどのような姿に心が動かされたのか（なぜシャッターを押したのか）を振り返り、そこに見える子どもの心内に考えを巡らせ、学びの姿をとらえていくこと。ここに大きな意義があります。

毎日子どもと生活している保育者が、子どもの心の動きに共感し、学びの物語としてその姿に意味づけしていくことは、子ども理解を深めるとともに、保育者自身の成長にもつながっていくのです。

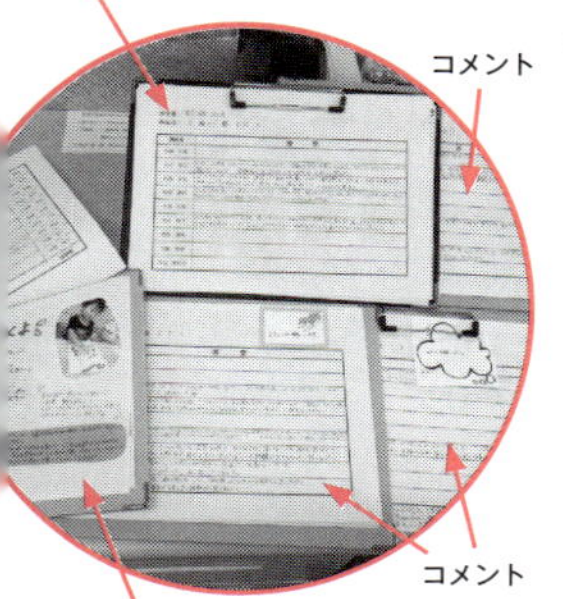

作ったドキュメンテーションを非常勤の職員も含めみんなで回覧し、全員がコメントを書いていきます。一人の学びをみんなで共有します。

保育カンファレンスってなに？

研修会・協議会では、解決策や正解を求めたり、同じ保育観や子ども観を共有したりすることを目的とする傾向にあります。そのため、「教える—学ぶ」という上下関係が話し合いの基盤となり、先輩保育者が若年保育者の指導の場にしてしまうことにつながってしまいます。しかしながら、そもそも保育実践とは、特定の保育者と特定の子どもとの関係性の中に生まれる活動で、これが正解ということはないはずです。

本来の保育カンファレンスは、特定の関係性の中で繰り広げられる事実を見た参加者が、対等な立場でその意味や方法について意見を出し合うことです。

ある参加者は保育者の発言に注目し、ある参加者は子どもの発言に注目するなど、一つの事実から、参加者が気にとめた視点から多様な意見を出し合います。さらに、どれが正解ということではなく、それぞれ出された意見を保育者はもち帰り、自身の保育実践に還元していくことができます。

このように、保育カンファレンスは「対等」「多様」「ゴールフリー」のもと、保育者の資質・能力を形成するものとして、取り入れる園も増えてきています。

ワールド・カフェってなに？

文字通り、自由なカフェのような空間で対話を楽しみ、創造的なアイデアや知識を生み出し、参加者の理解を深めるものです。

【手順】

❶まず4〜5人のグループをつくりテーブルに座ります。テーブルにはテーブルクロスに見立てた模造紙を敷き、各自数本のペンをもって参加します。一つのテーマを設け、20〜30分程度のセッションを3ラウンド行います。

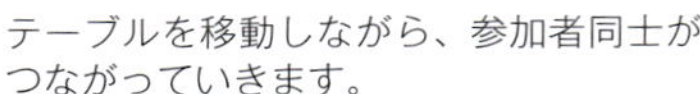

テーブルを移動しながら、参加者同士がつながっていきます。

❷　1ラウンドは、テーマについて自由に話し合い、その中で出たアイデアや疑問はテーブルに敷かれた模造紙に自由に書き込みます。最初のラウンドが終わったら、一人が〝ホスト〟として残り、他の人は〝ゲスト〟として移動します。

❸　2ラウンドでは、ホストは新しく来たゲストを温かく迎え、そこで行われていた話を共有します。ゲストは質問やそれぞれが話し合っていた内容を紹介し、さらに話し合いを続けます。

❹　3ラウンドでは、もとのテーブルに戻り、他のテーブルで得られた知見を報告し合います。

ワールド・カフェのよさは、なんといっても話しやすさです。少人数でのいつもと違う雰囲気は緊張感を和らげます。また、発言の機会が増え、テーブルを変わることによって参加者全員の意見が集まってきます。そのことにより、参加者がつながり、満足感も高くなります。

これもカンファレンスと同じで、人間関係が対等で、参加者が主役となり、言いたいことが話し合えます。トップダウンでもボトムアップでもない意思決定や合意形成がなされ、多様性が複雑に絡み合って知識や意思が創造されます。

勤務体制が違う中でどうやって話し合うの？

多くの園で、勤務時間が違う保育者が混在して保育を担当しています。全員がそろって、保育を振り返ったり、子どもの姿を話し合ったりする時間を設けることはほぼ不可能です。そこで、ノンコンタクトタイム（保育者が直接子どもとかかわっていない時間）や午睡の時間などを利用し、年齢ごとや部会別など、グループ単位でカンファレンスやワールド・カフェなど、話し合う時間を設けてみてはどうでしょうか。できないではなく、できることを探ることが大切なのです。

重要なのは、その話し合いに出ていない職員への周知の仕方です。文書で伝えるだけでなく、それぞれの会議の代表が、会議に出ていない職員に説明するなど、「知らない」「わからない」ということがないように伝え合うことが大切です。

全職員が一つになって取り組めることを大事に、時間やもち方、連携の仕方はそれぞれの園の実情から工夫できることがあるのではないでしょうか。

短い時間で質の高い研修会ってどうしたらいいの？

とても難しい問題ですね。ただ、実際に保育の様子を見合うことは困難でも、たとえば活動の様子を動画で撮影し、期間を決めて全職員が都合のつく時間に視聴しておくことはできるのではないでしょうか。

その動画をもとに、「幼児期の終わりまでに育ってほしい姿」を視点として、グループごとに協議・研究を深めることができます。協議した内容は日々の反省会などを利用して報告します。

また、日頃作成しているドキュメンテーションの中からそれぞれが一番伝えたいものを選び、自分がとらえた学びの姿について職員間で交流し合い、子どもが学びを深めていくプロセスについて研究を深めることもできます。経験年数が長い保育者の見取りがいつも正しいというのではなく、たとえ新しく保育の仕事についた職員であっても、子どものそばでずっとその活動を援助し見つめている保育者の見取りの中に、子どもの細やかな心の動きに気づかされることも多いはずです。井戸端会議ではありませんが、子どもの姿（学び）を真ん中において、それぞれが気軽に語り合える学び合いが重要なのです。

また、退勤時間30分前を利用して、保育室巡りをみんなでしてみるのはどうでしょうか。保育室の環境を見るときは立ったまま眺めるのではなく、子どもの視線や動きをイメージして意見を出し合います。

「なぜ、ここにこのおもちゃを置いているのか」「なぜ、こんなふうに環境の配置をしているのか」など、担任からクラスの子どもの実情と、こんなふうに育ってほしいという願いを聞きます。

担任は、説明することであらためて自分の保育・環境のあり方を見つめるきっかけになります。他の保育者は、保育環境の年齢間の違いやつながりを考えることができます。さらに、客観的に保育室の環境を見ることができるので、新たな発見にもつながります。年齢間の違いを感じて、自分が担当している年齢の環境や保育を考える機会ともなります。

少しの時間を逃さず利用して、園全体の保育の質を高めていく工夫はたくさんありそうです。

記録って負担が大きいのですが…

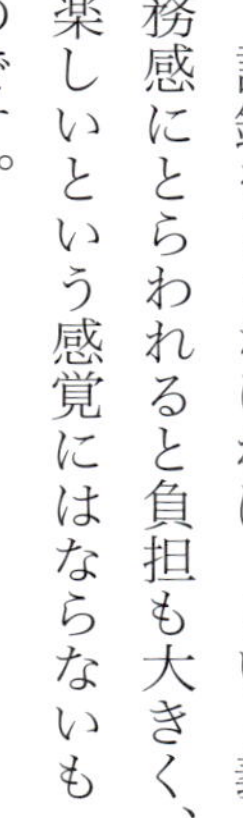

記録をとらなければ…という義務感にとらわれると負担も大きく、楽しいという感覚にはならないものです。

「…おうち みたい!!」
#みかん組 #6月 #お部屋で

そこで、ドキュメンテーションを作成するときと同様で、まずは保育者が子どもの姿に心動かされ、写真に撮っておきたいと思う場面に出会ったときにシャッターを押すことから始めましょう。

写真に記録として撮りためたものを、子どもが帰った後など時間を見つけて、自分はどんなことに心が動かされたのか、それをどうとらえるのか、コメントをつけていくのです。

写真に撮ることでその場の様子

が鮮明に思い出され、そのときの自分自身の心の動きも思い起こすことができるはずです。

たとえば、今日の遊びはこれだ！という写真一枚を選び、その遊びについて、言葉を添えていきます。「幼児期の終わりまでに育ってほしい姿」や、その姿とはまた別の、保育者自身の思いなどを視点にすると、遊びの中の学びが浮き上がってくるはずです。

ちょうど、今はやりのインスタグラムをイメージするといいかもしれません。１枚10〜20分で完成する保育記録のできあがりです。後で学びの実際や質を検討しやすいように、子どもの名前やコメントのポイントを、ハッシュタグ（＃）をつけて挙げてみると、わかりやすく読みやすくなります。

このインスタグラム的保育記録をたどることにより、子どもの「学びの物語」が鮮明に描き出されてきます。また、幼小連携においても、「幼児期の終わりまでに育ってほしい姿」が、どのように育ってきたのかを明確に示すポートフォリオにもなります。

たくさんのことを書こうとするのではなく、まずは「子どもってすごい！」と感じたこと、伝えたいと思ったことを書き留めることから始めましょう。子どもの姿から気づき、学ぼうとする姿勢、そして何より保育者が無理なく楽しくできる記録であることが大事なのです。

保育の写真を活用すれば前向きな対話が生まれます

大阪総合保育大学　瀧川光治

園内研修において、参加者が受け身ではなく、当事者意識を持って研修して良かったと思えることが保育の質が高まるためには重要なことです。その工夫の1つが、保育カンファレンス（Q73）やワールド・カフェ（Q74）などです。視野が広がり、多様な見方や深いとらえ方ができる方法です。一人一人の保育者のもつ視点や保育観（子ども観、発達観）や経験は違います。だからこそ、「対等な立場で」「ゴールフリー」で話をする機会や、「多様性が複雑に絡み合って知識や意思が創造」できるワールド・カフェによって参加者が主体的に参加できる研修になるのです。

また、もう1つの工夫が保育場面の写真を活用することです。保育者自身が子どもの姿に心動かされた瞬間の「ドキュメンテーション」（Q72）や「インスタグラム的記録」（Q77）があると、子どもの姿を肯定的に語ることにつながり、園全体での子どもを理解する力が高まっていきます。

column 8

さらに、それらを10の姿や資質・能力の視点から意味づけて読み取りを深めるとさらに専門性の向上に役立ちます。

「保育所保育指針」第5章には、「職場における研修」として「（略）保育所全体としての保育の質の向上を図っていくためには、日常的に職員同士が主体的に学び合う姿勢と環境が重要であり、職場内での研修の充実が図られなければならない」と示されています。つまり、園内研修は1年に一度ではなく、もっと回数を重ねる必要があるのです。日常的に園内研修を行うためには、勤務体制の違うなかでの話し合い（Q75）の工夫や短い時間のなかの研修（Q76）の工夫によって、主体的に学び合う姿勢と環境づくりを意識するとよいでしょう。

第9章

保護者支援で大切なこと

保護者の方が怒ってきたらどうしたらいいの？

考え方の違いや自分の方針に合わないなどで苦情が絶えなかったり、怒声をあげたりする保護者の話をよく聞くことがあります。それが一方的で理不尽な苦情であったとしても、すぐに否定的にみてしまわないことが大切です。

そんなとき、園側も緊張と不安で冷静さを失いがちになりますが、まずは、努めて自分自身の気持ちを落ち着けるように留意して対応するようにしましょう。

大事なのは、何を怒っているの

か、その怒りが表面的なものだけではなく、これまでのどんな思いや事柄から生まれているのかを丁寧に話を聞きながら探ることです。話も十分に聞かずに反論したり、逆にすぐに謝ったりすることは避けましょう。相手の怒りの気持ちを聞き、その過程で保護者の思いや願いを探り、共感できることはきちんと認めていくことが何より重要です。

どんな場合も丁寧に真摯な態度で対応することが大事です。思いを十分に聞いたうえで、園側に非や過ちがある場合は誠実に謝罪しなければなりません。そして、誤解については、丁寧に説明し、理解してもらえるように向き合うことが大切です。すぐに理解してもらえない場合でも、粘り強く心を込めて話していきます。

わかってもらおうとすると、説明ばかりになり、保護者の思いを見失ってしまうこともあります。「傾聴」することは、どんな場合でも話し合いの基本であることを心がけたいものです。

何より、「あの人は…」といった決めつけた見方はしないことが重要です。あの人はいつも怒ってくるから困るという偏った見方でいると、何に対して怒りを感じられているのか、園として何が足らなかったのかなど、ことの真実が見えなくなってしまいます。

いつも、どんなときも、目の前にある事実にしっかりと目を向けて考えることが大事です。

けがをしたときの対応は？

まずは、大切な子どもにけがをさせてしまったことを謝罪します。いきなり状況を説明したり、園側の対応を擁護したりすることもありますが、その対応では保護者の心には届きません。

心からの謝罪の後、どんな状況で起こったのか、どんな対処（治療）をしたのかを丁寧に説明し、少しでも安心してもらえるように心がけていきましょう。

医療機関に頼るような事故が起こった後の対応、治療・処置・子どもへの指導・本人の気持ちのケアなどについては、より丁重に対応し、詳しく伝えることが求められます。

けがが本人だけでなく、友達とのかかわりによって起こったものであれば、その経緯やその後の指導についてそれぞれの保護者に説明し、園で十分に対応していることを理解してもらう必要があります。これからの園生活を過ごすのですから、互いに気まずい思いにならないように留意する必要があります。

習い事が負担になっている？

A

習い事の是非については、家庭の思いもあり、園が口出ししにくいものです。しかし、子どもの健康面や心身面で気になることがあるときは、その状況を話すことは必要です。

園での子どもの様子に留意し、もし、気になる様子が見られたら、その様子について保護者と話をしてみることも必要でしょう。

〝習い事ばかりしているから疲れている〟といった決めつけた見方はしないで、主観を入れずに伝えます。保護者の思いにも耳を傾けながら、それぞれで何ができるか、どうしたら子どもが元気になれるかを一緒に考えていく姿勢が大切です。

一緒に考えていくとき、園の考え方をさりげなく伝えることも大切です。園での遊びは、自分たちがやりたいことに心を揺さぶられ、くり返し挑戦する主体的な活動です。その活動を通して、目には見えないかもしれませんが、これから生きていく上で必要となる資質・能力を体験として蓄積しているのです。保護者は、どうしても見える部分（数字や文字が書ける、英語が話せるなど）にこだわってしまいがちですが、乳幼児期は見えない部分を育てる大切な教育です。その教育的意義をふだんから保護者に発信することが重要なのです＊。

＊「幼児の生活は、そのほとんどは興味や関心に基づいた自発的な活動からなっている。この興味や関心から発した直接的で具体的な体験は、幼児が発達する上で豊かな栄養となり、幼児はそこから自分の生きる世界や環境について多くのことを学び、様々な力を獲得していく。興味や関心から発した活動を十分に行うことは、幼児に充実感や満足感を与え、それらが興味や関心を更に高めていく。」（文部科学省『幼稚園教育要領解説』２０１８年）。

園やクラスで大事にしたいことをどのように伝えたらいいの？

園だより、クラスだよりなどで発信することも必要です。しかし、活字ばかりの紙面では、行事予定などは伝わっても、幼児期の遊びの意味や保育者の願いなどを保護者の心の奥まで届けることはできません。ふだんの何気ない遊びから具体的に、子どもの姿を通して伝えることが重要です。

その一つがドキュメンテーションです。子どもの姿、事実そのものだからこそ保護者の心を揺り動かし、園やクラスの運営・保育で大切にしたいことがより鮮明に伝わるはずです（74ページ参照）。

子どもが園の生活の中で何を学び育っていこうとしているのか、その事実をコメントと写真でダイレクトに知らせることができます。ドキュメンテーションは保育の記録であり、子ども自身にとっても自分たちの遊びの軌跡を振り返り、次の活動へのステップにしていくきっかけになることは先ほどもお話ししました。さらに、保護者に園・クラスの取り組みや子どもの育っていく姿を伝える有効な方法になるのです。

また、送迎時などを利用して、クラスで起こったこと、また、その子ども自身のエピソードからどんな育ちが見えるか、その育ちをどんなふうに保育の中で育てたいと考えているかを伝えるようにすることも大切です。

たとえ小さなエピソードであっても、子どものさまざまな育ちや育とうとしている姿を保護者に知ってもらうことができます。何気ない日々の会話の中にも、保育者がどう育っていってほしいと願い、そのためにどのような保育をしていきたいと考えているかを、伝えていくこともできます。

ふだんの、不断の保育者の働きかけが、保護者の心を揺さぶるのではないでしょうか。

子育て支援って？

育児不安など、悩みを抱えながら子育てをされている保護者は少なくありません。保護者から相談されたり悩みを打ち明けられたりした場合はもちろんのこと、送迎時の様子や顔色などが気になったときは、保育者から何気なく話しかけたり声をかけてみるなど、話し出せるきっかけをつくることが大切です。

簡単に心を開いて話してもらえないかもしれません。もし少しでも話をされたら、真摯に耳を傾け、まずは、いろいろな思いを抱えているること、その中でがんばっていることに心から共感していくようにしましょう。

何よりも聴くことが大事です。「こうしたらいい」という答えやアドバイスではなく、また、「大丈夫」と安易に励ますのでもなく、誠実な姿勢で傾聴し共感することで少しは楽になってもらえるのではないでしょうか。

そのうえで、一緒にどうしたらいいか、何ができるかを考えていくのです。そして保護者自身が「こうしてみよう」とか「こう考えたらいいのか」など、自分なりの答えを見つけ出していくのを一緒に考えながら支えていく保育者の姿勢が何より大切です。

無理矢理に聞き出すことも、また、一方的に自分の意見を言うのも支援にはつながりません。

たとえ小さなことでも、時間のない中にわが子のためにとしたこと、がんばっているなぁと思ったことがあれば、ときを逃さず、自分が感じた感動をきちんと言葉で伝え、敬意を表すことはとても大事です。

子育て支援は、相談に来る方だけのものではありません。相談に来ない保護者の方が圧倒的に多いはずです。そうした保護者を支えるためには、ふだんからの保育者との関係づくりが基盤になることはいうまでもありません。

保育者も保護者も心をあわせて子どもの幸せを考えましょう

鎌倉教育総合研究所　大滝世津子

「保育者も保護者も、ともにその子の幸せを考えている」という点において、同じ方向を向いているはずです。そこに立ち返れば、たとえ感情の行き違いがあったとしても、解決の糸口が見つかるかもしれません。両者は「子育ての同志である」という考えの下、ともに心を通わせあたたかな関係を紡いでゆきたいものです。

　保育者は子どもたちを我が子のように愛するということがとても大切であり、保護者からの信頼にもつながります。すると、子どもがけがをしたとしても保護者は冷静に受け止められる場合があります。とはいえ、「自分が見ていない場で我が子がけがをした」というのは不安なものです。そのため、小さなけがでも必ず保育者の側から先にお伝えすることが大切です。大きなけがをした際も、心からの謝罪をすることで誠意を伝えましょう。

　習い事について考えるとき、子どもが自分から始めたのか、保護者の考えで始

column 9

めたのかという点が重要です。もし自分から始めたのなら、習い事をしている時間は子どもにとって喜びであるかもしれません。一方、保護者の考えで始めたのなら、嫌々やっている場合もあるかもしれません。そして、疲れ方も変わってくるかもしれません。物事の因果関係というのは簡単には解明できないため、「子どもが疲れているように見える」という事実のみから「習い事をしているからだ」と断定してしまうことには慎重である必要があるでしょう。大切なのは、本人の主体的な気持ちなのではないでしょうか。

最後に、保護者に疲れの色が見えたときのケアが心の安定につながることは少なくありません。それはすなわち、子どもたちを取り巻く人的環境がより良くなることに他ならないのです。

おわりに

ー生活の主体は子ども自身ー

編著者　大橋美智子

「出口（中学校）では遅い。入口の保育園（幼稚園）からちゃんと育ててほしい」。町の教育者たちが集まる学校・園の会議で毎回出てくるこの言葉に、歯がゆい思いをしていた10数年前。もう一度初心に戻って、根本から自分たちの保育を見直そうと一念発起し、仲間と何度も話し合い研修を重ね取り組んできました。

〝自ら遊ぶ中で考え、学ぶ力を育てる保育〟をめざしたものの、当初は私たちの理想とはかけ離れた実践でした。その研究過程で西川正晃先生との出会いがありました。そして、保育実践を語る会「土曜の会」という学びの場へお誘いいただいたのです。

会に参加するたび、お互いの実践を語り合うことで、あらためて子どもたちの姿から見えてくる育ちや学びをより鮮明に実感することができました。

たどりついたのは「生活の主体は子ども自身」であるという、本来あるべき姿への気づきでした。そして、保育者として大事なのは〝方法〟ではなく、そこにある〝願い〟であり、「なぜそのようにするのか、何を大切にして子どもたちと生活するのか」を考え、伝え引き継いでいくことが必要なのだと思い至りました。

本書にある方法はすべてが正しく、すべてに応じられるものではないかもしれません。ただ、「一人のひととして大切に育てたい。自分で育とうとする力や願いを尊重したい」といった保育に携わる者の願いは不変です。**保育とは子どもたちの「大きくなりたい」という願いをそばでしっかり支える誇り高い仕事**だと思うのです。この本が、同じ願いをもつ方に少しでもお役に立てたなら、これほどうれしいことはありません。

最後に、このような機会をいただきましたみらいの米山拓矢さん、また、内容に沿って温かなイラストを添えていただきました照喜名隆充さんに心から感謝申し上げます。

Special Thanks

甲良町立甲良東保育センターあおぞら園の職員の皆様
ひこねさくら保育園の職員の皆様　保護者の皆様　そして、76 名の子どもたち。

新しい指針・要領からみる
0歳児から主体性を育む保育のQ&A

2019 年 4 月 1 日　初版第 1 刷発行
2024 年 3 月 1 日　初版第 4 刷発行

編著者　西川正晃
　　　　大橋美智子
発行者　竹鼻均之
発行所　株式会社 みらい
〒 500-8137　岐阜市東興町 40 番地　第 5 澤田ビル
TEL　058-247-1227（代）
FAX　058-247-1218
URL　https://www.mirai-inc.jp/
編集・ブックデザイン　エディマート（鬼頭英治・豊島万里奈）
印刷・製本　太洋社

ISBN 978-4-86015-469-1　C3037